徐向东 著

大学附中创新人才培养
与大学深度合作的视角

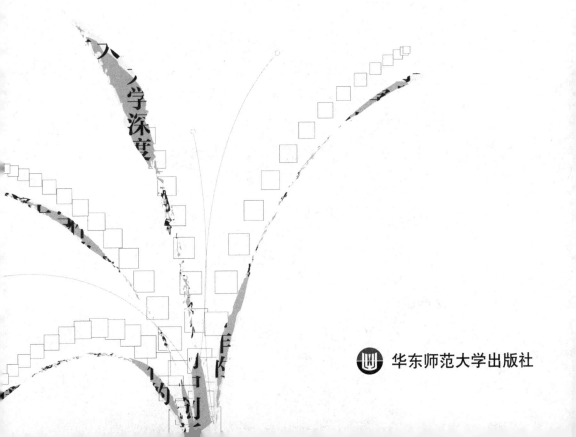

华东师范大学出版社

图书在版编目(CIP)数据

大学附中创新人才培养：与大学深度合作的视角/徐向东
著.—上海：华东师范大学出版社,2018
 ISBN 978-7-5675-7763-3

Ⅰ.①大… Ⅱ.①徐… Ⅲ.①高中生-人才培养-研究
Ⅳ.①G632.0

中国版本图书馆CIP数据核字(2018)第100262号

大学附中创新人才培养
与大学深度合作的视角

著　者　徐向东
策划编辑　彭呈军
审读编辑　单敏月
责任校对　邱红穗
装帧设计　孙　震　孙小晶

出版发行　华东师范大学出版社
社　　址　上海市中山北路3663号　邮编200062
网　　址　www.ecnupress.com.cn
电　　话　021-60821666　行政传真021-62572105
客服电话　021-62865537　门市(邮购)电话021-62869887
地　　址　上海市中山北路3663号华东师范大学校内先锋路口
网　　店　http://hdsdcbs.tmall.com

印 刷 者　浙江临安曙光印务有限公司
开　　本　787×1092　16开
印　　张　12.25
字　　数　205千字
版　　次　2018年7月第1版
印　　次　2018年7月第1次
书　　号　ISBN 978-7-5675-7763-3/G·11141
定　　价　36.00元

出版人　王　焰

(如发现本版图书有印订质量问题，请寄回本社客服中心调换或电话021-62865537联系)

目 录

第一章 绪论 ... 1
 第一节 中学与大学合作的时代背景 ... 2
  一、创新驱动的国家战略 ... 2
  二、国家创新驱动战略需要教育创新 ... 5
  三、教育创新过程中"名大学附中"责任 ... 7
 第二节 中学与大学合作研究的文献基础 ... 9
  一、普通高中培养创新人才的研究 ... 9
  二、大学附中培养创新人才的研究 ... 11
  三、大学与大学附中的合作研究 ... 12
  四、文献研究的启示 ... 15
 第三节 研究目标与主要内容 ... 21
  一、核心概念 ... 22
  二、研究目标 ... 24
  三、主要研究内容 ... 26
 第四节 研究思路、方法与难点 ... 27
  一、研究思路 ... 27
  二、研究方法 ... 29
  三、研究难点 ... 32

第二章　中学与大学合作的历史考察　33

第一节　国外中学与大学合作的历史　33
一、国外中学与大学合作的历程　33
二、与大学升学对接的课程开发的合作　34
三、在教育制度上衔接的大学预科合作　39

第二节　我国中学与大学合作的历史　40
一、我国中学与大学合作的历程　40
二、我国高中与大学合作培养创新人才的发展历史　41

第三节　我国大学附中与大学合作培养创新人才的历史　43
一、实施载体主要集中在各类实验班的创设上　44
二、合作主要体现在大学附中利用大学的优势资源　45

第四节　中学与大学合作历史考察的启示　47
一、充分重视高中阶段创新人才的培养　47
二、大学附中在创新人才培养方面具有独特价值　48
三、课程为核心开展创新人才培养的合作研究　51

第三章　大学附中与大学合作培养创新人才的现状调查与问题　53

第一节　大学附中与大学合作的调查研究　53
一、调查研究及有关说明　53
二、问卷调研统计数据分析　54
三、调查初步发现　57

第二节　当下大学附中培养创新人才的主要做法　57
一、加强创新人才培养课程的改革　58
二、创新人才培养生涯教育的设计与实施　61
三、创新人才培养的专业师资开发　63
四、创新人才培养评价体系的完善与创新　65

第三节　大学附中与大学合作的六种模式　66
一、大中小"一条龙"整体教育改革模式　67
二、大学附中与大学合作创办实验班模式　67

三、开设大学先修课程为载体的衔接模式　　68
　　四、教育行政部门主导的项目推进模式　　68
　　五、大学附中与国外高校的双赢合作模式　　69
　　六、大学附中与大学资源互通的实践模式　　69
第四节　大学附中与大学合作存在的主要问题　　70
　　一、合作的同质化问题突出　　70
　　二、合作的功利化倾向易见　　72
　　三、合作的空泛化特点明显　　73

第四章　大学附中与大学合作培养创新人才的理论分析　　77
第一节　关于创新人才培养的理论分析　　77
第二节　大学附中与大学合作的理论分析　　79
　　一、利益相关者理论及其理解　　79
　　二、共同体理论及其理解　　82
　　三、主体间性理论及其理解　　83
第三节　关于创新人才培养的深度合作理论　　84
　　一、深度合作的理论　　84
　　二、反思性实践理论及其借鉴　　84
　　三、深度合作实践的理论架构　　86

第五章　大学与中学合作的美国经验　　87
第一节　美国大学附属中学的发展概况与特点分析　　87
　　一、大学创办大学附中的动因多样而复杂　　87
　　二、部分传统的大学附中自身转型　　88
　　三、在线大学附属中学发展迅猛　　90
　　四、培养创新人才是大学附中的追求　　91
第二节　中美大学附属中学发展过程中的启示　　91
第三节　美国大学附属中学的典型案例　　93
　　一、案例之一：纽约城市学院附属数学、科学和工程高中　　93

二、案例之二：芝加哥大学实验学校　　　　　　　　　　　　95

第六章　一所大学附中与大学深度合作的实践探索　　　　　100
　第一节　共同愿景——深度合作的基础　　　　　　　　　　100
　　一、大学与附中的共同愿景　　　　　　　　　　　　　　100
　　二、共同愿景在附中的内化　　　　　　　　　　　　　　104
　第二节　课程共建——深度合作的实践突破　　　　　　　　105
　　一、科技实验班的早期探索　　　　　　　　　　　　　　106
　　二、拓展型及研究型课程的共建　　　　　　　　　　　　106
　　三、创新人才课程体系的创建　　　　　　　　　　　　　107
　第三节　教学活动——附中与大学深度合作的日常抓手　　　117
　　一、创新人才培养的教学模式　　　　　　　　　　　　　117
　　二、创新人才培养的评价体系　　　　　　　　　　　　　117
　　三、创新人才的甄别选拔途径　　　　　　　　　　　　　120
　　四、生涯指导课程与教学的设计　　　　　　　　　　　　121
　第四节　教师互动——附中与大学深度合作的基本保障　　　124
　第五节　资源互通——附中与大学深度合作的支撑条件　　　125
　第六节　深度合作的成效检验　　　　　　　　　　　　　　131
　　一、实验成果的展示　　　　　　　　　　　　　　　　　131
　　二、学习方式的变革　　　　　　　　　　　　　　　　　135
　　三、教学方法的创新　　　　　　　　　　　　　　　　　138
　　四、课程建设的成效　　　　　　　　　　　　　　　　　141
　　五、调查数据的论证　　　　　　　　　　　　　　　　　143

第七章　关于大学附中与大学深度合作的政策建议　　　　　152
　第一节　逐步建立深度合作的"分层运作"教育体系　　　　 152
　　一、深度合作的基本原则　　　　　　　　　　　　　　　153
　　二、"课程"作为深度合作的"率先突破"　　　　　　　　154
　　三、"教学、德育、管理"的系统跟进　　　　　　　　　　156

第二节 "多方联动"作为深度合作的运作方式　　161
　　一、政府的管理体制　　161
　　二、外来的教育资源　　162
第三节 "一致协同"作为深度合作的秉持理念　　163
　　一、搁置争议，深度合作　　164
　　二、先行先试，逐步推广　　165
　　三、发展眼光，立足长远　　165

结语　　167

附录　　175
　　一、调查问卷　　175
　　二、对在校老师的访谈提纲　　177
　　三、对2010—2014届部分毕业生的访谈提纲　　177
　　四、对部分大学附中校长的访谈提纲　　177
　　五、50所美国大学附中名单　　178

参考文献　　180

致谢　　187

第一章　绪论

早在2001年颁发的《国务院关于基础教育改革与发展的决定》中就提出："有条件的普通高中可与高等学校合作，探索创新人才培养的途径。"到2010年颁发的《国家中长期教育改革和发展规划纲要（2010—2020年）》又指出："深化教育体制改革，关键是更新教育观念，核心是改革人才培养体制，目的是提高人才培养水平。树立全面发展观念，努力造就德智体美全面发展的高素质人才。树立人人成才观念，面向全体学生，促进学生成长成才。树立多样化人才观念……树立系统培养观念，推进小学、中学、大学有机衔接，教学、科研、实践紧密结合，学校、家庭、社会密切配合，加强学校之间、校企之间、学校与科研机构之间合作以及中外合作等多种联合培养方式，形成体系开放、机制灵活、渠道互通、选择多样的人才培养体制。"从此，大学与中学的合作问题，成为教育改革与发展的热点与难点问题之一。作为最早与高等学校合作的大学附中，自其诞生之日起就肩负着教育变革与实验的使命。尤其近年来，一大批大学附中开展了一系列创新人才培养的试点，取得了不少可以起到示范我国其他普通高中创新人才培养的成功经验。然而，也不可否认，在与高校合作培养创新人才过程中，由于社会的过度功利，或者由于大学本身以及大学附中自身的利益导向，也出现了一些"虚假合作、浅层合作"现象，从而导致对创新人才培养模式的异化。

当然，导致当前大学附中培养创新人才模式的异化的原因是多方面的。但是，不可否认，附中与大学各自功利性的追求，缺乏共同愿景的追求是十分重要的因素：大学视附中为生源基地，希望附中能为其提供最优秀的生源；附中视大学为靠山，希望大学接受其更多的学生。在当前我国高考招生制度的限制与学生自由选择余地越来越大的背景下，这种"双赢"变成了越来越困难的追求，于是，附中与大学的关系就变得貌合神离、同床异梦。然而奇怪的是大学附中在这一背景下却越办越多。本书试图对这一现象进行深入的探讨。

2016年5月，中共中央、国务院印发的《国家创新驱动发展战略纲要》更是把创新驱动上升为国家的战略，要实现国家的创新驱动，无疑，创新人才的培养是关键。因此，在当下大学附中如何突破障碍，更好地为我国急需要的创新人才奠基已经成为重中之重。《国家创新驱动发展战略纲要》第三部分——战略部署中指出：实现创新驱动是一个系统性的变革，要按照"坚持双轮驱动、构建一个体系、推动六大转变"进行布局，构建新的发展动力系统。所谓双轮驱动就是科技创新和体制机制创新两个轮子相互协调、持续发力。如果把这一指导思想迁移到大学附中培养创新人才的体系中，那么本书研究的也就是"一轮为创新人才培养"，"另一轮为大学与大学附中合作（体制创新）"，试图在兼顾"双轮"的研究中，促进大学附中更好地与大学在培养创新人才上的合作，为我国普通高中培养创新人才起到应有的引领、示范与辐射作用。

第一节　中学与大学合作的时代背景

笔者选择"大学附中培养创新人才的研究——与大学深度合作的视角"这一主题进行研究，是与时代背景紧密相联的。具体而言，可以从国家层面、教育层面及学校层面来论述。

一、创新驱动的国家战略

当今世界，科技进步日新月异，任何国家要想在世界发展潮流中立于不败之地，就需要不断地进行科技创新。党的十八大提出实施创新驱动发展战略，强调科技创新是提高社会生产力和综合国力的战略支撑，必须摆在国家发展全局的核心位置。这是中央在新的发展阶段确立的立足全局、面向全球、聚焦关键、带动整体的国家重大发展战略。

为了实现这一伟大战略，《国家创新驱动发展战略纲要》2016年5月出炉，这份《纲要》提出："国家力量的核心支撑是科技创新能力，创新强则国运昌，创新弱则国运殆。我国近代落后挨打的重要原因是与历次科技革命失之交臂,导致科技弱、国力弱。实现中华民族伟大复兴的中国梦,必须真正用好科学技术这个最高意义上的革命力量和有力杠杆。"①同时,该纲要也提出了国际、国家层面进行科技创新的必要性。

而放眼世界,以美国为代表的西方发达国家极其重视创新在国家发展中的重要地位和作用。奥巴马政府于 2009 年和 2011 年两度发布了《美国创新战略》报告,宣称要通过创新来推动可持续经济增长和高质量就业,确保美国的长期繁荣。特别在 2011 年的《美国创新战略》报告明确指出,美国繁荣的关键是开发新产品和形成新产业,在科学发展和技术创新中充当世界引擎。

从世界横向比较来看,我国的创新能力处于何种水准？科技部官网 2015 年发布了关于世界主要各国创新对比情况,见图 1-1 和图 1-2②。

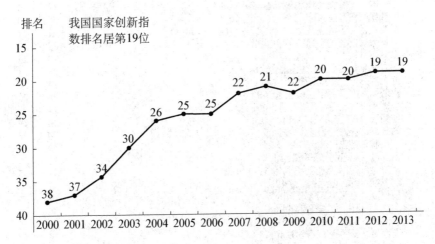

图 1-1　我国国家创新指数世界排名

图 1-1 和图 1-2 显示我国创新能力在世界上处于中上游水平。虽然我国创新能力与领先国家差距较大,但超越了处于同一经济发展水平的发展中国家和其他金砖国家,这反映出我国近些年创新发展战略的主要成就。但图中同样可以反

---

① 引自中共中央、国务院 2016 年印发的《国家创新驱动发展战略纲要》。
② 上述材料引自科技部官网：http://www.most.gov.cn/kjtj/.2016-1-26。

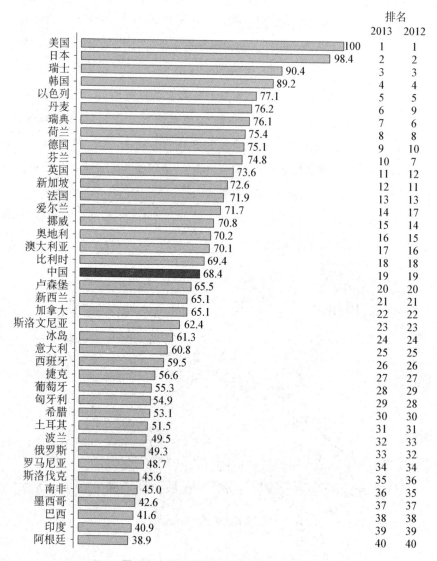

图1-2 世界各国创新指数得分与排名

映出我国创新能力还有很大的提升空间。

党和国家领导人也极其重视国家创新能力的发展,江泽民同志曾经指出:"创新是一个民族进步的灵魂,是国家兴旺发达的不竭动力,也是一个政党永葆生机的源泉。"胡锦涛同志在2012年7月的全国科技创新大会上指出:"加快建设国家创新体系,为全面建成小康社会进而建设世界科技强国奠定坚实基础。"①习近平同志2014年5月24日在上海考察调研时的讲话中谈到:"谁牵住了科技创新这个牛鼻子,谁走好了科技创新这步先手棋,谁就能占领先机、赢得优势。"

总之,创新驱动是世界大势所趋,也是国家命运所系。全球新一轮科技革命正在重塑世界竞争格局、改变国家力量对比。因此,创新驱动成为许多国家谋求竞争优势的核心战略。在这种大背景下,我国既面临赶超跨越的难得历史机遇,也面临差距拉大的严峻挑战。唯有勇立世界科技创新潮头,才能赢得发展主动权,为人类文明进步作出更大贡献。

二、国家创新驱动战略需要教育创新

党和国家对创新的高度重视,从战略高度提出的科教兴国、人才强国战略为教育系统培养人才提供了思想指导。教育理应在这个时代背景下为培养创新人才作出回应。然而,如何更好地培养创新人才,或者说基础教育如何为创新人才提供更多更好的教育机会,这是每个教育工作者不容回避且应深入思考的问题。

要在全社会范围内实现创新文化,为创新型国家建设贡献力量,最基础的还是教育。2003年美国发布《走向全球:美国创新的新发展》报告,这个报告指出:"没有人去创造、应用和开拓新思想,就不会有创新过程。创新事业不仅需要科学家和工程师来推进,而且需要有文化和思想敏锐的人才来经营和管理。获得智慧型人才是全球化的主要推动力。"②

清华大学原校长顾秉林教授指出:"大力推进创新型国家建设,科技是关键,人才是核心,教育是基础。"③这句话朴实无华,但寓意深刻,指出了教育在推动国家创新能力提升中的基础性作用。

在进入全面建设小康社会、加速推进现代化建设的新阶段,教育面临着前所未有的机遇和挑战。教育必须进一步发展,提高办学质量,进行教育创新。时代发展

---

① 胡锦涛.2020年建成创新型国家[EB/OL]. http://society.people.com.cn/n/2012/0708/c136657-18466627.html.2012-07-17.
② 雷文华,沈儒.从抵御金融危机的能力看科技发展的威力——1998年世界科技发展简述[R].西安:西安市科学技术委员会,1999:15.
③ 顾秉林.推动教育创新培养创新人才[J].中国高校科技,2011,(6).

和现代化建设,需要理论创新、制度创新和科技创新,更需要教育创新。"创新以人为第一要素,培养创新人才,推行教育创新,无疑是促进人类创新活动的最直接的动力。要培养创新人才,必须改革并创新我们的教育,教育创新是一个系统工程,是广大教育工作者在社会实践中不断探索和研究的事业。"①

然而,教育如何创新?这是一个仁者见仁、智者见智的大问题。我国高等教育法规定:"高等教育必须贯彻国家的教育方针,为社会主义现代化建设服务,与生产劳动相结合,使受教育者成为德、智、体等方面全面发展的社会主义事业的建设者和接班人。任务是培养具有创新精神和实践能力的高级专门人才,发展科学技术文化,促进社会主义现代化建设。"义务教育法则规定:"义务教育必须贯彻国家的教育方针,实施素质教育,提高教育质量,使适龄儿童、少年在品德、智力、体质等方面全面发展,为培养有理想、有道德、有文化、有纪律的社会主义建设者和接班人奠定基础。"从两部法律的规定可以明确看出,高等教育更加关注的是培养高级专门人才,专业性更加突出,而基础教育则更加注重关注德智体的全面发展。二者有共同的描述为"促进社会主义现代化建设"。按照清华大学谢维和教授的观点,人的成长与发展是"教育必须适合人的身心发展规律,这是教育的基本规律,这一规律的主要内容之一便是儿童与青少年身心发展的间断性与连续性的矛盾统一"。②因此,在人才培养的持续性上寻求思考,可能是基础教育,尤其是高中教育创新的一个突破点。

第一,人才培养的连续性。高中教育与大学作为学生学习发展的两个重要阶段,虽然两个阶段的教育任务不尽一致,但从人的成长角度看,二者都承担着人的连续性发展的使命与任务。1972年,法国前教育部长埃德加·富尔(Edgar Faure)作为国际教育发展委员会主席在向联合国教科文组织提交的报告《学会生存》中指出终身教育的重要性。终身教育理论的核心思想是强调教育在人的发展过程中的持续性,强调教育应促进人的自主发展和全面发展,应最大限度地开发人的潜能,把教育看成是个人一生中连续不断的学习过程,是人们在一生中所受到的各种培

---

① 朱旻娜.创新人才培养与高等教育创新[J].广西大学学报(哲学社会科学版),2007,29(增卷).
② 谢维和.从教育的间断性与连续性看高中改革——再论高中教育的定位与选择[N].中国教育报,2012-03-02(6).

养的总和,它包括了教育体系的各个阶段和各种形式。而高中教育与大学合作培养创新人才就是人才培养机制上的探索,符合人才培养连续性的基本特征。

第二,人才培养的整体性。整体性是指认识主体始终把研究对象视作一个整体对待,认为世界上的各种事物、过程都不是彼此孤立的杂乱无章的偶然堆积,而是一个合乎规律的、由各要素组成的有机整体。按照教育生态位系统理论的观点,不同类型的教育系统其生态位关系可能出现高度重叠、部分重叠或完全分离三种状态。其中,高度重叠则出现对同一教育资源的激烈竞争,导致教育资源性生态矛盾;完全分离状态时,则出现因封闭隔绝而对边界教育资源的严重浪费,导致教育结构性乃至功能性生态矛盾;高度重叠或完全分离在现实教育体系中均是极端现象,一般不可能发生。那么,最有可能出现的就是生态位部分重叠或少部分重叠,这样既能形成对资源的适度竞争,又能实现教育系统的生态平衡。这种部分重叠或少部分重叠也为高等教育和高中教育两个教育系统在开展合作,培养创新人才提供了条件与可能性。

第三,人才培养的发展性。这里的发展性是指高中与大学合作中并非按照固定的程序开展,而是强调在开展理论和实践的合作过程中,每次都应该比上一次有所发展和进步,即强调每一次成功经验应建立在前一个经验的基础上,其复杂程度、深度、广度要比上一次更大、更深、更广,不是简单的重复,而是在难度、深度、广度上都提高了水平,也即哲学上所说的辩证否定。对于合作实践而言,在大学与高中合作培养人才过程中,因为有非连续性因素的存在,各种已经成功的理论和实践并非完美无缺,有时候可能因为环境政策等变化,使得原有的合作关系阴晴不定,没有方向可循。人才培养的发展性观点,就是要求我们在实践中不断升华对于创新人才培养的认识与把握的基础上,开展新的实践,只有不断创新,才能持续发展。

三、教育创新过程中"名大学附中"责任

大学附中作为普通高中的重要组成部分[①],由于其与大学的历史渊源,在我们教育改革与发展中一直起着十分重要的作用。笔者之所以选择这个主题来进行研

---

① 目前我国大学的附属中学主要分为附属高中和附属初中两种类型,本书中的大学附中指的是附属高中。

究,在很大程度上,是因为面对创新驱动的国家战略以及教育创新的时代背景,作为身处上海一位"名大学附中"的领导,理应在上海乃至在全国大学附中培养创新人才中有所思考与行动。

为了进一步实现教育系统创新人才培养的衔接,早在2007年上海市科教党委、上海市教育委员会就颁布《关于深化教育综合改革进一步加强创新人才培养的若干意见》,文件指出:"建设高中与大学教育相衔接的拓展型及研究型课程。鼓励高校与有条件的高中共建课程、共享课程及有关实验实施,共同制定校本课程建设标准及评价标准,高校帮助高中教师开展专业研究。"而大学附中作为与大学关系密切的办学主体,有着独特的优势来开展创新人才培养的实践,这种价值与优势[①]主要有:

第一,利用"大学附中"的"名",通过与大学的合作,开展"实"的发展举措。在上海地区的相当一部分大学附中,包括历史不长、"翻牌"的新兴大学附中,通过与大学的紧密合作,引入大学资源,主动融入大学文化,开展全方位的教育教学改进。这些改进举措并非为附中学生进入作为母体的大学做准备,或者是大学专业教育的前置,而是通过提升课程的学术含量,开阔学生的知识视野、强化探究与实践的学习过程、丰富学生的在校生活、感受大学及学者的精神气质,进而促进高中生综合素质的提升。通过与大学的合作,部分附中在学校文化、学科教学、课程开发、社团建设、生涯辅导、硬件设施等实现了更新与改革,并不断探索和提升教育的现代性。

第二,大学附中的优势集中体现在其对大学多样化资源的综合利用方面。大学拥有极为丰富的教育资源,如专业课程、学者教师、大学生志愿者、学生社团、硬件设施、就业指导中心、国际交流渠道等等。这些资源都可以通过合适的途径为附中所用。面对多样化的大学资源,附中拥有集约化利用的平台,这种平台主要由两部分组成,包括正式的沟通平台和非正式的关系拓展。正式沟通平台,如部分大学会定期召开附中建设的联席会议,召集各院系和部门负责人参会。附中通过这一平台提出资源需求,以争取得到具体落实。同时,附中可以按照学校发展需求,依托大学内部的非正式网络,通过"滚雪球"方式来丰富和拓展可利用的教育资源。

---

① 该观点主要参考:冯明.大学附中的合作现状、价值、优势与发展[J].教育发展研究,2013,(4).一文。

第三，高校的"空降兵"提升资源利用的有效性。办学成效显著的附中往往拥有一位来自大学"空降兵"。这些"空降兵"的特点是对大学内部资源较为了解，与大学领导层沟通渠道比较顺畅，具有广泛的人脉资源。高校的"空降兵"能帮助附中筛选资源满足附中发展需求，能适应高中生学习特点，能显著提高附中利用大学资源的有效性。

大学附中存在其独特价值和优势，这是应然层面的论证，然而，在实然层面，大学附中的独特价值和优势并没有得到充分合理开发。几十年来，笔者所在的上海交通大学附属中学对这一问题的认识也并非是一步到位，而是有一个逐步深化的过程。并且我们认为：随着教育的变革和社会的发展，着眼于人才可持续成长的角度看问题，学校应该有能力在这方面探索出更为有效的人才培养方式。

正是基于当下国家创新驱动的战略、教育创新的时代背景，上海交通大学附属中学作为一所在全国、上海有影响的"名大学附中"，让我更进一步坚定了应该当仁不让地去研究和探索培养创新人才的大学附中经验，并试图在体制机制创新上，从深度合作的视角，为创新人才的成长提供更为宽广的发展空间。

第二节 中学与大学合作研究的文献基础

我国大学附中是普通高中的重要组成部分，初步的文献研究也表明，基于从大学附中与大学深度合作的视角来研究大学附中创新人才培养的文章不多，所以本文的文献综述将从普通高中培养创新人才的研究、大学附中培养创新人才的研究以及大学与大学附中合作等三个方面来综述，以更好地在前人研究的基础上，找到本文研究的立足点与创新点。

一、普通高中培养创新人才的研究

对普通高中关于培养创新人才的文献进行研究，主要是为了在"面"上有个基本了解。在利用中国知网进行检索时，仅以"高中教育"并"创新人才"为关键词进行查找，截止到 2015 年 10 月 8 日，共查到 163 条结果，从 2000 年到 2009 年近 29 篇文章，并且这 29 篇文章中真正论述创新人才的基本没有，大多是从学校内涵发展、高中课程改革等方面有所涉及到创新人才培养问题。其他是 2010 年即

《国家中长期教育改革和发展规划纲要(2010—2020年)》颁发以后的文章,通过对100多篇的文献研究,发现近年来对普通高中培养创新人才的研究呈现这样的特点。

1. 高中教育改革走向"全方位且向纵深推进"

当下教育领域的改革是"综合改革",是教育系统全方位的改革,有两个重要特点:一是全方位推进,它改变并突破了以往的单项改革范畴,从诸如考试改革、教学改革、课程改革等单项改革中走向全方位综合改革;二是改革走向纵深,是从浅层次改革到深层次的改革。如果说以往的单项教育改革都已经大致完成,且取得相对应的成果的话,那么这次触及全局性的改革,必定会触动一些深层次的利益,教育改革进入深水区,必须在体制和机制上有所突破,打破各种利益藩篱,从而真正实现教育改革的应有目的。"我国普通高中教育发展将面临转型,即从规模发展逐渐转向内涵发展,不断提高教育质量。其中,最关键和最核心的就是人才培养模式问题。过去我们在这方面做了很多努力和探索,取得了一定成绩,但不可否认,目前在高考压力下普通高中办学模式趋同问题依然突出,高中人才培养模式改革的进展和成效还不能完全适应我国社会经济发展的需求,尤其在创新人才培养问题上。"①

2. 与高中教育多样化、特色化发展紧密相联

2010年是颁发《国家中长期教育改革和发展规划纲要(2010—2020年)》之年,规划纲要中提出:"推动普通高中多样化发展。促进办学体制多样化,扩大优质资源。推进培养模式多样化,满足不同潜质学生的发展需要。探索发现和培养创新人才的途径。鼓励普通高中办出特色。"对于普通高中培养创新人才的研究往往是与"高中多样化、特色化"的研究相联系的,他们试图通过办学的多样化与特色化,为创新人才的培养提供发展空间。

3. 教育的纵向衔接得到重视

高中阶段作为教育系统的重要学段,是学生个性形成、自主发展的关键时期,对提高国民素质和培养创新人才具有重要作用。作为承上启下的关键教育阶段,此时,教育的纵向衔接也得到了重视。例如,"高校—高中协同创新:助力高中教

---

① 申继亮.关于我国普通高中教育发展的思考[J].教育发展研究,2010,(6).

育质量"①、"大中学衔接培养创新人才:问题与对策"②等等,正如有专家所言"基于终身教育的基本理念,实现义务教育、高中教育与高等教育的纵向衔接,并服务于学生发展的不同阶段,真正体现高中教育在人才培养中的'立交桥'作用,为学生的出路选择提供多种可能,从而科学引导学生合理分流,实现自主发展、多元发展"。③

文献研究还发现,除不少学者研究普通高中培养创新人才之外,一些全国知名高中的校长也发表了不少文章。例如,原上海中学的唐盛昌校长在2012年、2014年的分别在《中国教育学刊》、《创新人才教育》上发表了"基于创新人才培养的高中教育改革探索"、"构建拔尖创新人才早期培育链的实践探索"两篇文章;成都七中的刘国伟校长、原深圳中学的王占宝校长也分别在《科学教育论坛》(2015)、《创新人才教育》(2013)发表了"高中阶段拔尖创新人才基础培养的课程设计与实施"、"建设学术型高中,培养创新型人才";还有如人大附中、江苏天一中学等学校校长也有文章发表。总体而言,这些文章大部分是他们自身学校开展创新人才培养实践的探索与总结。

二、大学附中培养创新人才的研究

为了更好地聚焦本文的主题,为此,专门把大学附中培养创新人才的研究单列进行了文献综述。结果在中国知网以最宽泛的"大学附中"为关键词,截止到2015年10月8日前只找到5个条目;以"大学附属中学"为关键词,查到了4 760条记录,再在结果中以"创新人才"搜索,查到了43篇与研究主题相关的文章。从这43篇文献中,可以归纳出以下几点。

1. 大学附中在普通高中培养创新人才中发挥着重要作用

在上述对"普通高中培养创新人才的文献研究"中,我们找到的2010年以后的文献只有29篇;而在对大学附中培养创新人才的研究中,我们找到了43篇。虽然大学附中也是普通高中的一部分,但是在培养创新人才方面,他们又是以独立主体而存在的。有意思的是,《基础教育参考》2012年第7期上发表了一篇"中学校长对

---

① 许丽艳. 高校—高中协同创新:助力高中教育质量[J]. 中小学管理,2013,(6).
② 郑若玲,等. 大中学衔接培养创新人才:问题与对策[J]. 教育发展研究,2012,(11).
③ 常宝宁. 普通高中如何多样化发展[N]. 光明日报,2014 - 12 - 16(14).

创新人才培养的思考",其作者有11位之多,除第一作者为原深圳中学的王占宝校长,其他10位都是师大附中的校长(湖南师大附中、北师大附属实验中学、东北师大附中、华南师大附中、华中师大第一附属中学、南京师大附属中学、清华大学附属中学、陕西师大附属中学、西北师大附属中学、西南大学附属中学)①。

2. "名大学附中"培养创新人才的研究占绝大多数

从40多篇有关大学附中培养创新人才的研究文献中,其中10篇是有关中国人民大学附属中学培养创新人才的,其他除上述的10所师大附中,还有上海交通大学附中、北京师范大学附中、西安交大附中、西北大学附中等等。这些大学附中,无论其在当地的社会影响还是升学率、奥赛金牌等指标来看,无疑是各省(市)最为知名的普通高中。其他除去《光明日报》《中国教育报》等记者写的报道外,几乎就没有什么文章了,这为后续本研究的大学附中定位在"名大学附中"提供了空间。

3. 培养创新人才的重点较为突出

这部分的文献研究表明,这些名大学附中研究创新人才培养的重点比较明显,一是针对培养目标而言,他们主要定位在培养拔尖、杰出人才。如"为拔尖创新人才'拉开大幕'——来自中国人民大学附属中学的探索"②;二是围绕人才培养模式的创新,包括德育、课程等方面的改革,如清华附中的高中课程体系建构的实践③;三是有关实验班的创建,如北京师范大学附中的"钱学森实验班"等。

三、大学与大学附中的合作研究

由于本研究是从"深度合作的视角"来研究大学附中培养创新人才的,所以大学与大学附中的合作应是重点之一。但是,在利用中国知网工具进行中文文献搜索时,以关键词"大学、或大学附中"并含"合作"进行检索时,发现并没有直接相关的研究文献,以"大学附属中学"与"合作"搜索,又发现与上述的不少文献是重

---

① 王占宝,常力源,蔡晓东,李桢,吴颖民,张真,陈履伟,王殿军,边团结,刘信生,张万琼.中学校长对创新人才培养的思考[J].基础教育参考,2012,(7).
② 肖远骑.为拔尖创新人才'拉开大幕'——来自中国人民大学附属中学的探索[J].中小学管理,2010,(5).
③ 王殿军.深化课程改革提供多样化的课程供给[J].基础教育参考,2013,(1).

叠的。于是考虑到不少文献是以"大学、中学衔接"而出现的,因此尝试以"教育衔接"和"衔接教育"为主题进行检索,同样截止到2015年10月初,检索具体情况如下。

以"教育衔接"为主题检索1980年至2015年10月间共计1 779条文献记录（含期刊、硕士博士论文、报纸、文摘,剔除重复文献）。其中,与本研究相关的各级教育类文献共计1 611篇,其他学科门类共计168篇文献。情况分布如表1-1所示:

表1-1 "教育衔接"文献统计表

项目	篇数	百分比	项目	篇数	百分比
职业教育	760	42.72%	学前教育	82	4.61%
高等教育	220	12.37%	教育理论	112	6.30%
中等教育	304	17.09%	特殊教育	87	4.89%
初等教育	46	2.59%	其他	168	9.44%

以"衔接教育"为主题检索1982年至2015年10月间共计500条文献记录（含期刊、硕士博士论文、报纸、文摘,剔除重复文献）。其中,与本研究相关的各级教育类文献共计篇文献454篇,其他学科门类共计46篇。情况分布如下表1-2所示:

表1-2 "衔接教育"文献统计表

项目	篇数	百分比	项目	篇数	百分比
职业教育	101	20.20%	学前教育	79	15.80%
高等教育	36	7.20%	教育理论	27	5.40%
中等教育	148	29.60%	特殊教育	28	5.60%
初等教育	35	7.00%	其他	46	9.20%

1. 文献筛选统计

根据上述两个文献数据,以"教育衔接"和"衔接教育"为主题进行的文献检索总量为2 279篇。若仅仅从论文研究角度看,"高等教育"和"中等教育"与本研究的契合度最高,文献总计708篇。但考虑到其他相关学段的教育衔接或衔接教育理论与实践对本论文有一定的参考价值,故而上述所有文献均作为本文的分析对象。通过利用 Excel 软件进行数据处理,对这些文献中所集中关注的衔接问题开展了关键词的频率分析。

2. 文献汇总分析

考虑到文献阅读量及耗时情况,研究者主要通过阅读文献的关键词,通过利用关键词频率统计的方法来总结专家们关注的焦点是什么。研究过程中,剔除与研究无关的关键词,通过 Excel 统计软件,我们发现专家学者们所关注的教育衔接、衔接教育、高校与高中合作培养人才等有着不同的落脚点。为了聚焦研究问题,本文没有对其他关键词进行词频统计。我们主要关注的是专家们在各自的文献中所论述的关于高中与高校合作培养人才过程中存在问题及其相关解析。通过软件汇总,结合关键词出现次数的多少进行排序,大致情况如表1-3所示:

表1-3 文献关键词频次统计表

排序	关键词	频次	排序	关键词	频次
1	课程	537	4	价值观	231
2	教学	446	5	人际	104
3	心理	317	6	招生	39

为了更精确地得出相关的研究结论,我们还对作者情况进行了统计分析。因为文献作者的角色、立场、地位等不同,对于同样的问题,得出的研究结论并不一定相同。我们以文献作者的单位信息为主题,通过统计软件进行相关统计,情况如表1-4所示:

表1-4 文献作者单位频次统计表

排序	文献作者单位	频次	百分比	排序	文献作者单位	频次	百分比
1	高校(含专科高职)	1 311	57.53%	4	幼儿园	103	4.52%
2	中职校	429	15.45%	5	特殊学校(聋哑)	46	2.02%
3	高中	352	18.82%	6	初中	38	1.67%

3. 主要结论

从本研究的角度看,在该领域的广泛研究,从反面论证了该领域存在诸多问

题,或者说若该领域不存在问题,也不会引起这么广泛的关注。上述研究可以反映出两个方面的现象:

第一,关键词的频率统计可以大致反映出专家学者对于高中与高校合作存在问题的关注焦点,专家们更加关注课程和教学;

第二,可以直观地看出关于衔接教育,或教育衔接,或者大学与大学附中合作的相关研究,除上面谈到的名大学附中的校长撰文外,仍以高校专家学者为主导。

四、文献研究的启示

从普通高中培养创新人才的研究、大学附中培养创新人才的研究以及大学与大学附中合作(衔接)等三个方面的文献研究,虽然说不是十分全面,但是结合作者自身的实践基础,以及对于当前大学附中培养创新人才的总体实践的了解,对于本文的研究定位、研究主体以及研究价值方面还是可以得到不少启示的。

1. 研究定位得以进一步明确

从以往的研究中,我们可以发现,研究者或实践者,往往是从一个角度来论述的,即要么大学附中作为普通高中的一部分来研究创新人才的培养,这类研究虽然名为大学附中创新人才的培养研究,但与"大学"没有什么关系,即使有些关系,但与其他普通高中与大学合作区别不大;要么从大学附中作为是大学的"附属"角度,主要从依托或者从教育的连续性的、衔接的角度来论述,显现出较多的"附属性"。

"双轮驱动"的国家创新战略不仅为本研究提供了将大学附中培养创新人才的培养模式创新与大学附中办学体制机制创新两者有机统一起来的定位,同时,也为大学与大学附中两者在培养创新人才中的定位提供了启示。本文主题虽然是大学附中培养创新人才的研究,但是为国家培养创新人才是大学与高中共同的责任。本研究的实质就是协同大学进行教育合作,是大学与大学附中共同指向创新人才的培养。这个协同需要大学附中和大学把握的主要原则就是"和谐"、"共生"和"合作"①。"和谐"是相对不和谐而言的,指事物的各个方面都获得发展,不是只重视一方,而忽视另一方,也不是重视大部分,而忽视小部分。和谐意味着组成事物的每

---

① 这三个原则主要参见:陈玉成,孙鹤娟."三主体"教育:内涵、性质与价值[J].教育研究,2012,(10).

个环节都是平等的、重要的,都应该得到尊重和发展。和谐的教育追求本身系统的各个环节的共处与发展。教育系统是一个大系统,有教育制度、教育措施、教育环境、教育主体等子系统。和谐的教育尊重每个环节,注重每个环节对学生成长的影响,并使得它们获得理性的设计和安排。就大学附中主体而言,既要创造创新的环境条件,也要重视学业基础。就大学主体而言,既要把握招生的分数,也要注重人才的综合能力。"共生",意指大学附中与大学合作,应该是合作双方都成长的过程。"共生"教育强调大学附中和大学两者"主体性"的彰显和培育,使得他们各自获得成长进步。在合作培养创新人才过程中,不仅是大学有可能招录到符合办学目标的优质人才,大学附中也实现了为大学输送优质创新人才的最终结果,二者因此实现了共生。"合作",是指协同开展教育活动,其最大价值在于大学附中和大学均将创新人才培养视为己任。这就意味着,大学在理解大学附中的人才培养基础上提供支持与保障,大学附中根据大学的人才目标要求进行针对性的培养。正如上海交通大学校长张杰所言:"大学与中学的合作主要是人才培养理念的融合,因此将大学的人才培养理念和方式向人才培养早期延伸,必须兼顾中学的传统优势和自身特长,必须考虑其原有的学科实力和软硬件条件,遵循'专业方向分类指导、强势项目重点建设'的原则开展合作。"[①]

2. 研究主体得以进一步确认

大学附中与大学深度合作培养创新人才的问题,看似是实践操作层面的问题,实则关系到人才培养的系统性和连续性,最终聚焦点还是人才的持续性发展的问题。关于创新人才的成长与发展,目前理论界有两种对立统一的观点,非连续性和连续性。教育的非连续性认为:"人是复杂可能的存在,人的发展具有非连续性,非规律性的一面,往往受危机、挫折等一些非连续性偶然事件的影响。这些非连续性事件对人的发展有根本性意义,同时它们也是非连续性教育形式,具有重要的教育价值。"[②]这种观点认为一些非连续性的事件,甚至是一些偶然发生的事件,如危机、遭遇等,都会对人一生的发展具有重要意义,甚至不经意间决定了人生的发展。这种观点目前在教育界产生了很大的影响,众多专家学者甚至一线教师也开始围

---

① 张杰.拔尖创新人才培养的理念和实践[J].创新人才教育,2013,(2).
② 于凤银.非连续性教育:教育研究的新领域[J].江西教育科研,2003,(6).

绕非连续性教育思想撰文论证其合理性和科学性。然而,根据马克思主义哲学的观点,事情总是包含两个方面。教育发展有非连续性的一面,定有其连续性的一面,而连续性的一面作为主要方面,往往决定了教育主题的性质和方向。连续性教育是指对教育主体系统连贯地进行教育,即按照学校或教育者按照一定的目标、法则所进行的教育活动。这种观点认为人是可以按照目标和规则进行培养和引导,进而达到相应的教育目标。而20世纪末世界范围内兴起的人的可持续发展理念,也正是连续性教育的内在要求。从世界各国范围内各学校所设计的课程来看,都是根据学生发展的实际情况,划分不同的学段,进而开展适切性的教育。因此,从主体发展角度来说,充分肯定人的发展连续性是极其必要的,否则,教育就将成为一种"不可知"的空洞之物,不可被人研究和认识。

在与大学合作的过程中,大学附中与大学作为不同的办学主体,到底是谁为谁服务?大家好像都在等教育行政部门和教育专家的答案,然而,如果纠结于这个回答,在人才培养过程中很可能会走偏。虽然上述谈到大学附中与大学在合作培养创新人才上或者在培养人才上应"和谐"、"共生"的,两者在主体的地位上也是平等的。然而,究竟谁作为研究的主体来研究这个问题?从上述的有关衔接教育的文献研究中,我们可以看到虽然研究这个问题以大学学者为多,但是在大学附中与大学培养创新人才的文献中,大学附中校长占了不少。或许这还很难说明究竟谁作为研究这个问题的主体。但是我们可以从本研究的定位中,即大学附中培养创新人才,而不是大学培养创新人才,研究的主体应是大学附中。即由大学附中立足自身的实践,立足高中阶段创新人才的特点来研究这个问题。事实上,就大学附中与大学合作问题,由于目前大学教育改革自身的原因,他们的重点可能更在"双一流"建设、学科评估、大学排行等热点问题上。因此,作为大学附中的领导者,应当立足于创新人才的高中教育学段的成长规律,反思自身与大学合作培养创新人才的实践经验,就如何深度合作、需要大学提供什么样的支持、自身如何努力等问题上提出自己的价值主张。

3. 研究价值得以进一步彰显

通过对以往研究的梳理,使得笔者更进一步坚定了这项研究对于大学附中如何更好地培养创新人才是具有价值的。它能更好地使笔者所在的学校在培养创新人才方面发挥引领、示范与辐射作用。本研究以一所大学附中的实践为例对创新人才培养过程中与高校合作的思路、理念和做法进行了较为系统的探究,力图通过案例分析,实践探索,挖掘创新人才的成长机制,寻找创新人才培养的典型路径,为更多创新人才的培养提供启发,更为大学附中如何更好地与大学合作、利用大学资源培养未来创新人才尽可能地提供操作层面上的思路和范式。具体而言,至少可以期望如下诸方面的价值。

(1) 提供创新人才培养的有效经验

大学附中与大学之间的合作关系,理论上目前还比较欠缺支撑,从实践上看,各附属中学与大学之间的实质性经验也为数不多。本研究在实施过程中所形成的经验,可以为大学附中与大学合作提供一定的帮助。

第一,人才培养要结合学校自身的发展定位。高中多样化发展和特色化发展不能成为争夺优质生源的"噱头"。因为创新人才的成长与发展是多方面,多维度的。为了高考和优质生源而开展的所谓创新人才培养的理念与做法注定是与创新人才成长的多样化路径背离的。所以在大学附中与大学联合培养人才过程中一定要契合自身的办学实际和发展定位。比如上海交通大学附属中学在与大学开展合作过程中一直强调"科技特色",在与高校合作的课程中大多围绕这个定位(在课程建设方面、实验室的建设方面和讲座的主题内容等方面得到应有的体现)。

第二,坚持原则性和灵活性相结合,努力探究联合培养人才的新途径。在开展研究的过程中,我们越来越深刻地认识到有些制度性的约束不能逾越。那么在这个前提下,大学附中如何更好地联合大学进行人才培养?这就要在坚持原则的前提下充分发挥高中学校或高校的主观能动性。比如上海交通大学附属中学在与上海交通大学、上海交通大学医学院、上海财经大学、华东理工大学等高校开展课程合作过程中面临的课程设置问题——如何在框定的国家课程和上海课程框架(原则问题)下进行授课、学习?我们采取了"虚拟课程"(灵活性)的做法,这种"虚拟课程"一是打破了行政班级的授课制度(有兴趣的同学前往);二是更多地照顾到对该研究领域和课题感兴趣的同学一起学习(虚拟班级);三是不占用规定的课堂授课时间,也不占用学生的课外活动实践(用选修课的时间)。这种灵活的操作方式得到同学们的广泛认可。

第三,政府搭台,创造良好的制度环境。培养创新人才,政府是主导,学校是基础,教师是关键。所以,政府部门要加强顶层设计和系统规划研究,倡导大学附中与大学在人才培养上的协同性,提供良好的沟通渠道,让大学附中与大学沟通不再那么艰难。摆正冒尖与拔尖、个人和整体、公平与质量、精英与大众、学术与应用的关系,加强大中小学的协同创新,整体构建学生高考成绩、高中学业成绩、中学生综合素质评价和高校自主测评等"多位一体"的创新人才综合评价体系。另外,在人才培养过程中,政府或高校应该给予更多的制度性支持。

(2) 推进大学附中与大学深度合作

在大学附中与大学合作培养人才的过程中,作为合作的双主体——大学附中与大学,他们对待合作的态度是不同的。绝大部分大学抱着"掐尖"的态度开展合作;而绝大部分高中是抱着把部分同学"稳妥"地送进高校,提高升学率与知名度的目的开展合作,培养主体之间存在着一种博弈的关系。处理得好可以"双赢",处理得不好则"两败俱伤"。

一位校长是这样描述自己所在学校的实际情况的:"我们学校同时与本市4所国内知名高水平大学开展合作关系。有2位同学确实学有余力且对这些学校都很感兴趣,于是申请报名参加所有这4所学校的课程活动、研究活动和实践活动。经过一年多的积极参与,这2位同学的综合表现得到4所高校的一致认可。在当年的高校自主招生中,由于这4所高校分别属于不同的自招联盟,都希望招到这2位同学,分别给予各种优惠条件,然而这2位同学最终选择了香港和国外的高校。因为没有招到自己学校想招录的学生,有两所高校招生人员就严正告知我,说这是我们高中学校工作做得不到位,不能让孩子们这么随便!"

这位校长的自述把高中与高校这种博弈的关系透露了出来,出于研究伦理之需要,不方便透露这些高校名称。然而,这种合作过程中都会遇到的问题实质上仍是功利价值高于人的发展价值的思想在作祟。本研究试图寻求一种能在一定程度上可以消除大学附中与大学之间的裂缝的体制机制,深入推进二者的合作共赢。

(3) 尝试人才培养系统化制度改革

本研究最后提出的创新人才具有自由、自觉和自主的三个总体特征,并基于这三个特征构建出创新人才培养的相关做法。而这三个特征中,自由是最基本的,自由的一个重要特征即学生基于自己的兴趣爱好开展各种各样的探究活动。然而,在实际中,学生基于兴趣爱好开展了探究活动,但在大学录取中却有可能被分配到不感兴趣的专业,有的学生则宁愿放弃自己的兴趣爱好死拼学业成绩以期待进入自己满意的大学。究其原因,仍是高考这道坎。高考这道坎的存在是客观事实,但研究与实践发现,高中学校通过与高校的合作,建立一定的机制,比如通过生涯发展机制、生涯决策机制、生涯规划机制,能够使二者达到合理的平衡,最大限度实现专业兴趣与高考"指挥棒"的结合。

(4) 深化学校教育衔接理论的研究领域

如果说上述三点主要为研究的实践价值的话,那么,本研究的主要理论价值就体现为丰富教育的衔接理论。大学附中与大学合作培养人才从教育理论上看,属于教育衔接领域范畴。美国学者德莱恩·威尔(Madeline Will)首次提出衔接理论主要基于在特殊教育、职业教育和职业康复之间开展更深入的合作,关注的是向学生传授更具实质性意义的独立生活技能、社会人际交往技能和职业技能。从那时起,逐步演进到普通教育系统内部的衔接,再到大学与高中的衔接。特别近三十年来,关于高中与大学合作联合培养学生的研究在逐步逐年得到研究者的重视。见表1-5的统计数据。①

表1-5 大学与高中合作部分指标统计

研究视角 年份	大学/高校/高等教育与高中/中学/基础教育衔接	高中教学/新课改与高考改革衔接	大学/高校与高中/中学各学科衔接	大学新生适应教育	总计
1984—1990	12	1	2	10	25
1991—1995	17	7	4	16	44
1996—2000	14	6	23	56	99
2001—2005	34	13	39	132	218
2006—2010	72	27	148	456	703
2011—2015	131	63	312	586	1 092
总计	280	117	528	1 256	2 181

---

① 该表格根据"赵淑梅.大学与高中教育衔接研究的概况与展望[J].江苏高教,2014,(2):110"一文的调查数据更新而得。

从上表可以看出，不论从研究视角看还是从学术论文的发表年份看，关于衔接教育的研究都呈上升趋势，且上升幅度在加大。根据赵淑梅研究员的观点，这些研究大都存在重复研究多，创新研究少；微观研究多，宏观研究少；思辨性研究多，实证性研究少；研究主体大学教师多，高中教师少等缺陷。

从现有的研究文献看，多数学者主要从教育衔接的基本概念、理论依据、意义、主要问题及归因分析和基本对策这五个视角来展开研究的，其中基本对策研究最多，主要集中从课程、教学、人才培养、高考制度、价值观、人际关系等这几个方面进行探讨。但这些对策都停留在实践层面，而且极其零散，研究者各自站在不同的研究视角，并没有系统性地生成理论以指导实践。

本研究基于实践，以问题为导向，从大学附中与大学合作（教育衔接）的基本概念、主要特征、理论依据、衔接标准及如何衔接等基本问题展开系统的深入的研究，既有实践操作意义又有理论提升的意义。以该研究中形成的生涯研究的理论模型为例，形成了两个主要理论成果：一是将生涯发展教育引入优质高中，设计了基于"自主探索"的学习模型。强调生涯发展教育对于学生终身发展的重要性。优质高中学生个性独立、思维敏捷、勇于探究、不断进取，必须开展生涯发展教育，以提升学生的理想目标和价值追求，提高学生人生规划的自主性和自觉性。在学习模型上：设计了"生涯认知、生涯体验、生涯选择"的生涯规划模型，提出"自主探索、相互激发"的育人方式，鼓励师生、生生交往中相互学习交流。二是将生涯发展教育融入教学体系，探索了基于"体验引导"的教育模式。整合各类教育资源，开展融通高中与中职、中学与大学、校内与校外、课内与课外的生涯实践体验活动；利用自主开发的"学生生涯发展自主规划"系统，为学生提供职业倾向测评与个性化生涯规划指导。这些做法目前已经形成为良好的系统，为该领域今后开展更加深入的研究提供了一个良好的基础。

第三节 研究目标与主要内容

本节将在研究背景及有关研究综述的基础上，进一步明确核心概念、研究目标与研究的主要内容。

一、核心概念

在确立研究目标与主要内容前,有必要先明确一下本文所涉及的主要概念,以便使研究的边界得以明确。本研究涉及的主要概念有:大学附中、创新人才、创新人才培养和深度合作。

1. 大学附中

在我国普通高中教育发展历程中,大学附中是一种有较长发展史的办学形式。我国最早的大学附中源于大学的预科,1902年中国近代第一个学制"壬寅学制",于各省设立高等学堂,近似于普通高中。到1930年,为了推动普通高中的发展,国民政府教育部通令大学暂停举办大学预科,部分大学预科转制为大学附属高级中学。

新中国成立后,一批工农速成中学应运而生,目前的中国人民大学附属中学、复旦大学附属中学、上海交通大学附属中学等前身均为工农速成中学。之后的四五年时间,特别20世纪60年代初,各工农速成中学为各高等学校提供了优质生源,各高校纷纷希望将工农速成中学纳入大学预科,成为一种附属关系。比如上海市工农速成中学(上海交通大学附属中学前身)在1958年改为上海交通大学预科;上海市第一工农速成中学(复旦大学附属中学前身)1959年6月改名为复旦大学预科;北京市工农速成中学附设普通中学班(中国人民大学附属中学前身)在1960年正式更名为"中国人民大学附属中学"等,这也是现代大学附中的主要形成方式之一。

近年来,部分普通高中学校为了实现自身的特色发展,也转型为与大学有部分关系的大学附中。比如上海市内的大学附中,就有华东理工大学附属中学、上海财经大学附属中学、上海戏剧学院附属中学、同济大学第一附属中学、上海体育学院附属中学等等。目前上海市内已有"大学"+"附中"的学校约61所。

一般认为,大学附中是指"具有国家普通高中招生资格,且与大学存在实质性合作关系(领导关系、合作关系、支持关系),冠以大学校名的附属中学"。本书中的大学附中主要是在这部分大学附属中学中相对较为"有名的附中",它既有与大学关系密切的特点,还是较为有名的附中。"有名的附中"一是指大学本身是"985"大学,即大学本身较有名;二是附中本身的社会声誉较高,当然办学质量也相对较高的附中。

2. 创新人才

关于创新人才的概念,可谓数不胜数,目前学术研究并没有形成一致性的意见。从以往的研究看,对于创新人才的定义主要是剖析创新人才的素养,是一种由局部到整体的界定方式。而本书从人才的生命成长的整体出发,将创新人才定义为:拥有自由的心灵、自觉的追求、自主的探索等核心素养的人。没有这样的前提条件,无论先天素质如何优良、环境资源多么优质、学习活动多么丰富,都难以出现有意义的自主创新行为,更难以产生有价值的创新成果。

3. 创新人才培养

创新人才培养从语义角度分析,包括"创新人才"和"培养"两个概念。创新人才上文已经有所界定,而"培养是一种活动,它是以某个人(人群)为对象,指向一定的目标,由某个人(人群)实施的活动"。[①]

所以,本书将创新人才培养界定为通过学校提供优质的教育环境,以社会主义核心价值观为引领,实现高中生达到自由的心灵、自觉的追求、自主的探索的教育目标而进行的教育活动。通过创新人才培养,让青少年自由的心灵升腾并释放出无限的活力。

4. 深度合作

"深度合作"包括"深度"与"合作"两个词语组成。据《现代汉语词典》解释,"深度"有三个意思:

(1) 向下或向里的距离。

(2) 事物向更高阶段发展的程度。

(3) 触及事物本质的程度。

而"合作"根据《现代汉语词典》的解释,意为"互相配合做某事或共同完成某项任务"。言外之意,即二人或多人一起工作以达到共同目的。所以,从词面意思解释,深度合作就是不同行为主体为了达到共同的目的,就完成某项任务而达成的合作关系,这种合作关系是为了对合作事项进行本质的、更深入、更综合的探究,以达到最优目标,实现效果。

"深度合作",是相对于"一般合作"或者"浅层合作"而言。一般大学附中与大

---

① 周作宇. 创新人才培养的话语分析[J]. 现代大学教育,2010,(4).

学的合作主要是点对点的,如课程合作、教学合作、资源利用合作、科技实验班的探索、综合实践合作等等。从深度上某一领域的合作抑或达到本质或高级的发展阶段,但从综合层面看,没有实现从纵深到综合。正如有学者研究得出结论:"不管是附中还是非附中,与大学的合作都是有限的、片段式的,创新人才培养的各项探索主要由本校进行,高校这一'外脑'的介入并不多,而且部分合作还有赖于家长资源、人情资源。"[①]他又说"类似于上海交大附中与上海交大深度合作的学校很少,多数学校对大学的依托有限,合作较为零散,主要以邀请大学教师开设讲座、课题指导为主。因此大中学合作现状从整体上呈现出高中'剃头挑子一头热'的局面"。

从该研究的角度分析深度合作,合作主体指的是大学附中与大学,各自作为独立的法人主体;合作的根本任务是为创新人才的成长与发展提供优质的发展空间;最终所应达到的效果是大学附中和大学都能围绕创新人才的发展,进行全方位、深入的、综合的合作,建构科学合理的教育机制或活动机制,实现中等教育和高等教育在人才培养上的衔接。具体主要体现在三个方面:第一,价值维度上的追求的一致性,都是为中国梦的实现培养国家栋梁之才;第二,执行维度上的相融性,聚焦在办学的核心系统,课程与教学的相互衔接;第三,是办学的保障上,也就是在有关考试评价招生制度上能够相互兼顾、相互作用。

二、研究目标

中共中央、国务院印发的《国家创新驱动发展战略纲要》已经把创新驱动上升为国家的战略,要实现国家的创新驱动,无疑教育创新尤其是创新人才培养的创新,是一个基础而前提性的工作。基础教育作为为创新人才培育与成长奠基的事业,更是应当在当今时代有其自身责任与使命担当。本研究的目标,可以分为一个总目标与二个分目标。

1. 研究总目标

从大学附中与大学深度合作的体制机制创新的视角,通过对一所知名大学附中培养创新人才的典型经验分析,结合相关理论及其他大学附中在培养创新人才

---

① 郑若玲,谭蔚,万圆.大中学衔接培养创新人才:问题与对策[J].教育发展研究,2012,(21).

方面的相关实践,针对当前大学附中与大学合作机制的问题导致创新人才培养模式上的不足,初步构建具有一定示范价值的大学附中培养创新人才的模式。具体而言,此总目标又可分为两个较为具体的目标。

2. 研究分目标A

由于大学附中本身属于普通高中教育,因此,作为普通高中的大学附中其自身在培养创新人才方面能有什么作为?自《国家中长期教育改革和发展规划纲要(2010—2020年)》指出:"我国正处在改革发展的关键阶段,经济建设、政治建设、文化建设、社会建设以及生态文明建设全面推进,工业化、信息化、城镇化、市场化、国际化深入发展,人口、资源、环境压力日益加大,经济发展方式加快转变,都凸显了提高国民素质、培养创新人才的重要性和紧迫性。中国未来发展、中华民族伟大复兴,关键靠人才,基础在教育。"可以说大多数普通高中都在不同的领域、不同的层面进行了教育的创新与创新教育,都期待着为创新人才的培养作出自己应有的贡献。然而,大学附中由于其历史渊源与独特的地位,在我国培养创新人才方面相对地处于领先的位置,因此,总结、归纳、提炼大学附中培养创新人才的典型经验,将有助于大学附中更好地发挥其引领示范的作用。

3. 研究分目标B

在对研究目标A的研究过程中,笔者也深深地体会,虽然大学附中与大学的合作为大学附中培养创新人才创造了不少的空间并提供了不少的帮助,但是这种合作机制如果不进一步创新,大学附中仅从自身、从过去的经验出发,那么,很可能在培养创新人才上是难有新的突破的。当然,有不少非大学附中的普通高中也与大学开展了合作培养创新人才的实验与尝试,我们不能完全否定他们的做法有创新之处,但其中不少学校与大学的合作是模仿或者参照大学附中与大学合作的做法的。为此,无论大学附中从创新自身培养创新人才的做法出发,还是从更好地发挥大学附中在普通高中建设、创新人才培养的过程中的示范性,大学附中都应该在与大学合作培养创新人才的体制机制上有所创新。因此,本研究的分目标B,就是研究大学附中与大学的深度合作,就深度合作的主要维度进行论述,以期待在自身原有培养创新人才取得较为成功的经验基础上,通过体制与机制的创新,尝试创新人才培养模式的创新。

从根本上说,本研究就是为了贯彻和落实国家创新驱动发展战略与国家中长期教育规划纲要精神,全力提升创新人才培养质量,通过对大学附中的历史考察以及对当下大学附中与大学合作的现状调查,借鉴上海交大附中较为成功的实践探索,最终目标是试图通过与大学的深度合作,就大学附中的课程教学体系、运行机制、实施方式等方面的创新,形成大学附中与大学合作培养创新人才的培养模式。该模式内容主要包括"课程"作为深度合作的"率先突破","教学"、"德育"、"管理"作为深度合作的"系统跟进",政府体制与外来教育资源形成多方联动,秉持在大学与中学办学理念上的一致协同而开展深度合作的人才培养模式。

三、主要研究内容

针对研究的目标,本研究的主要内容有:

1. 中学与大学合作的历史考察

通过对大学与中学的历史渊源、大学与中学合作的萌芽以及产生等方面的历史分析,梳理国内外中学与大学合作的脉络,结合目前大学附中的蓬勃的发展过程,论述大学附中的时代担当,即大学附中应当成为基础教育改革的先行者、引领者与示范者,在培养创新人才模式的创新上,应该具有历史使命感与社会责任感。

2. 大学附中与大学合作的现状与问题

通过面上对上海市56所实验性示范性高中的问卷调查以及全国有关大学附中的访谈调查,归纳总结出上海高中与大学合作的主要模式,并就其中大学附中与大学的合作情况,结合部分其他省市大学附中的访谈,就其存在的主要问题进行分析,为后续的基于与大学深度合作的大学附中创新人才培养提出针对性建议。

3. 大学附中与大学深度合作的基础分析

为了能够更好地促进大学附中与大学的深度合作,需要寻求理论与实践经验的支持。在寻求这种支持的过程中,作者结合"利益共同体、责任共同体以及命运共同体"的思维框架,从利益相关人理论、主体间性理论以及合作共同体理论三方面进行了研究,并通过对美国大学附中的经验寻求深度合作的有关基础。

4. 上海交大附中与大学深度合作的实践经验

在借鉴有关理论与寻求其他高中与大学深度合作经验的基础上,作者将尽可能系统总结上海交大附中开展创新人才培养的实践,结合自身所在大学附中与大学深度合作的实际感悟,就如何与大学深度合作的大学附中培养创新人才的关键问题提出自己的观点。

第四节 研究思路、方法与难点

从研究的类型而言,本研究是一项基于大学附中教育场景的实践与探索的行动研究。

一、研究思路

作为一项与其他普通高中的教育改革与实践同步进行的行动研究,其研究思路主要体现为以下几点。

1. 由面到点

因为大学附中本身属于普通高中的一部分,研究其创新人才的培养不能脱离整个高中教育改革与发展的背景,因此,研究的思路首先是从普通高中与大学合作的整体出发,从中找出大学附中在培养创新人才上的特点,再落实到具体的上海交大附中这一点上来探索与研究。

2. 由内而外

在具体的大学附中与大学合作这一点上而言,研究的思路又是"由内而外"的。这种"由内而外"主要体现在:第一,立足研究者自身大学附中学校领导的背景来思考设计有关调查问卷并提出研究假设,即"由己及人";第二,强调在创新人才培养上的"双轮驱动",是从大学附中自身培养创新人才的内在规律与要求出发,来思考与大学深度合作的体制机制创新;第三,"由内而外"也体现在立足中国国情的情况下,再来寻求有关国外有益的经验作为参考。

3. 由史及今

本研究力图在历史分析的基础上,找到大学附中与大学合作的历史线索,以历史为镜来思考当下大学附中培养人才尤其是创新人才培养的重点与难点问题。为此,第二章节开展了大学附中与大学合作的历史考察,试图在分析历史中寻求当下大学附中与大学深度合作的智慧。

在此研究思路的指导下,作为一项反思性实践经验研究性质的行动研究,本研究在技术路线上类似于唐纳德·舍恩与克里斯·阿基里斯所倡导的组织学习理论中的反思性实践理论。他们认为:在研究过程中的第一重反思对象,是指要反思指导实践的理论,第二重反思对象(行动者未意识到的行动模式)是指还要反思实践过程中所实际遵循的理论。因为在现实实践中,第一重理论是名义上的,是易察觉而被替换与修改的,第二重理论则处于行动者无意识层面,不易被发觉,却根深蒂固地直接影响实践效果。同时,第一重理论是经过经验检验的,被普遍认为是合理的,而第二重理论则自然被固化为习惯势力,因未经过检验而不能保障其合理性。许多理念先进而科学的实践与变革,所以未能取得应有的成功,部分原因就在于行动者关注到第一重理论的反思而忽略了对第二重理论的反思。为此,阿基里斯提出了反思性实践理论。这个理论非常注重"对影响我们行动的理论(即我们未意识到的信念假设、行为模式)的反思检验"[①]。在"界定问题、分析线索、建构概念、实践检验"四个步骤的每一步上都同时进行反思,都随时可能回到上一步甚至是第一步。

本研究立足于一所大学附中学校教育的特殊场景,为解决创新人才培养的特殊问题,同时还将主体视角限定于大学附中与大学深度合作的范畴,在此基础上一边探索与研究环境(大学附中教育现状与社会对于创造型人才的深度需求),一边制订、实施并不断完善自己针对特殊问题解决与目标实现(大学附中的教育改革及大学附中与大学深入合作开展创新人才培养)的计划,组织顺应着"理论"——"行动"——"实践"序列的反思性实践。"阿基里斯与舍恩倡导的反思性实践学习理论本身就是一种行动研究。"[②]

鉴于本研究反思性实践的性质,技术路线将不是线性结构,而是时有反复的四个主要步骤,如图1-3所示的研究思路:

---

① (美)奥斯特曼,科特坎普.教育者的反思实践:通过专业发展促进学生学习[M].郑丹丹,译.北京:中国轻工业出版社,2010:12.
② (美)奥斯特曼,科特坎普.教育者的反思实践——通过专业发展促进学生学习[M].郑丹丹,译.北京:中国轻工业出版社,2010:13.

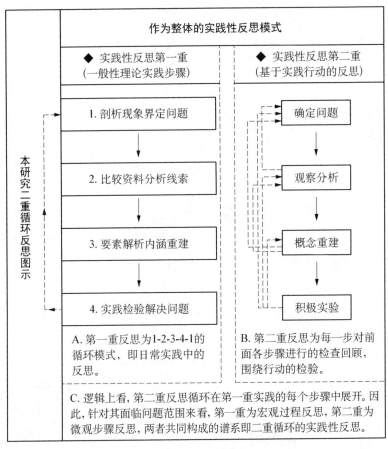

图1-3 研究的技术路线图

二、研究方法

在设计研究过程中,研究目标、研究内容、研究思路与研究方法的关系是相互影响的。当研究主题、研究内容与研究思路确定后,研究方法也相应地被选择了;如上所述,本研究主要是反思性的行动研究,因此,本研究除了常用的文献分析法,主要还有以下几种方法。

1. 行动研究法

行动研究是适合于广大教育实践工作者的研究方法,它既是一种方法技术,也是一种新的科研理念、研究类型。行动研究是从实践工作需要中寻找课题,在实践工作过程中进行研究,由实践工作者与研究者共同参与,使研究成果为实践工作者理解、掌握和应用,从而达到解决问题,改变社会行为目的的研究方法。行动研究是一种理论与实践相结合,基于资料收集、合作探讨、自我反省、多方总结最后解决问题的方法。

"大学附中与大学深度合作培养创新人才"项目的提出既是学校突破瓶颈自主探索发展新模式的需要,同时也是对于"优质高中多样化特色化办学"发展要求的积极回应;作者曾经是"高中与大学合作培养人才"项目的发起人与研究者,同时也是大学附中的领导者与管理者,切身经历也在很大程度上引领着这场涉及校内外的改革;这场研究所涉及的关于学校自身定位、创新人才的培养乃至高校招考制度改革等问题目前都尚处在探索与行动之中,因此,本研究就是一种典型的"对以往行动的反思,在行动中研究,为了更好地行动"的研究。

2. 调查研究法

调查研究是研究者采用问卷、访谈、观察、测量等方式了解现状,考察事实,收集材料,从而探讨教育问题、教育现象的研究方法。① 教育调查是有目的、有计划地收集有关教育现象的实证资料,通过分析和综合来解释、说明研究问题的活动。这里包含两层意思,一是调查,指运用观察、询问、测量等方式收集事实和数据,这是一种感性的认识活动;二是研究,指通过对事实资料的思维加工,由感性认识上升到理性认识。调查研究的目的在于揭示教育现象的本质特征,正确地解释教育现象的发生和变化的过程。通过调查可以澄清教育问题,了解教育现状,获得教育经验和教训,概括教育规律,预见教育发展的趋势。

本书中的调查研究主要包括问卷调查与访谈调查。问卷调查包括对上海市56所实验性示范性高中的调查,以了解当前普通高中与大学合作培养人才的整体情况,另外,就是在一所大学附中的学校教育实践中如何与大学深度合作对创新型人才进行有效培养而展开调查研究。为检验学校与上海交通大学深度合作开展创新人才培养的教育实践成效,2013年9月到2014年12月,学校曾对近四年来的全体毕业生进行了随机抽样,选取了190名进行问卷调查,并对部分毕业生进行了深入

---

① 裴娣娜.教育研究方法导论[M].合肥:安徽教育出版社,1995:158.

访谈，了解其对上海交通大学附属中学教育的整体印象与对学校教育发展的建议。

3. 比较研究法

比较研究法就是对物与物之间和人与人之间的相似性或相异程度的研究与判断的方法。比较研究法可以理解为是根据一定的标准，对两个或两个以上有联系的事物进行考察，寻找其异同，探求普遍规律与特殊规律的方法。① 作为一种研究与思维方法，比较研究贯穿于教育研究的全过程。在本研究过程中，比较的方法主要体现在如下几个方面：国内与国外的比较、上海与其他省市的比较、大学附中与其他普通高中的比较、当下与过去的比较等。

在本研究中，除了国内与国外的比较，最主要的比较是由研究者所主持的"大学附中与大学深度合作培养创新人才"的项目研究与同时代、我国一些著名的高中与大学进行的其他形式的创新人才培养探索的比较，如由中国科技大学、北京大学、清华大学较早组织的"少年班"、"文科实验班"、"理科实验班"；由北京大学、清华大学和北京理工大学牵头的"北约"、"华约"与"世纪卓越联盟"的大学自主招生系统；由复旦大学组织的面对艺考生与推荐生的"复旦千分考"，上海中学与复旦附中等优秀高中开发的国际课程、博雅课程等特色课程实践探索……这些已经开展和正在开展着的创新人才培养探索与教育改革的实践，不论其或成或败都同样对于本研究的规划与开展具有比较与借鉴价值。

4. 历史研究法

历史研究法是借助于对相关社会历史过程的史料进行分析、破译和整理，以认识研究对象的过去，研究现在和预测未来的一种研究方法。它的实质在于探求研究对象本身的发展过程和人类认识事物的历史发展进程，而不是单纯地描述具体的历史事件或历史人物。全部知识"呈现出沿时间的秩序和沿空间的秩序。前者称为'历史'、后者称为'结构'。把历史与结构应用于社会科学，所谓'根本问题'，就表现为贯穿着社会科学全部历史的结构问题"。② 大学教育与高中教育历来具有着必然的联系。早期大学与中学的关系我们将在第二章中详述，就以上世纪末来说，随着大学扩招，形势变得日益严峻，许多政策设想、理论探讨、实践探索基于

---

① 裴娣娜. 教育研究方法导论[M]. 合肥：安徽教育出版社，1995：223—224.
② 赫伯特·金迪斯. 走向统一的社会科学：来自桑塔费学派的看法[M]. 上海世纪出版社，2005，10.

不同的背景与目的纷纷提出——如大学的"校长推荐"、"特招生"、"联合自主招生",高中与大学合作的"综合型课程开发"、"基地班"、"英才教育班"……这些历史材料都值得为"高中与大学合作培养人才"研究的本质与规律的认识和把握而进行系统的分析和整理。

三、研究难点

通过文献分析以及调查研究,结合国家创新驱动发展战略,这一研究是具有价值与意义的。然而,这种价值与意义的重大,与研究本身的难点是紧密相关的。

1. 本书的主题本身是与我国高中教育培养创新人才的实践同步进行的。有关大学附中或者说普通高中培养创新人才本身正是当前高中教育的热点与难点问题。这种研究与探索相对于其他研究而言,原生理论、基本模式等都比较缺乏,可以用来参考的成熟经验也不多,这种相对在"零基础"上发展起来的研究,是本研究的第一个难点。

2. 本研究目标是大学附中与大学合作培养创新人才,试图在大学附中培养创新人才的模式以及与大学深度合作的体制机制上有所创新,然而,国家创新双轮驱动的主体是国家,而本文作者所在大学附中可能在自身办学上会有所作为,但在与大学深度合作上,可能也难免有"一相情愿"的可能。

3. 多年来高考"变成了中小学教育的'指挥棒';'一考定终身'不利于社会对人才的多样化需求,也不利于杰出人才脱颖而出;太重知识基础,不能很好地反映学生的综合素质和能力;不利于形成学生创新思维能力"。[①] 虽然,这种局面正在受到反思与批判,但是在目前社会尚是过度功利的当下,研究者在调查有些大学或者高中时,他们或出于自身的利益,或出于保守或者保密,收集相关资料过程中的难度也不小。同时,所提的建议能在多大程度上落实,也是笔者无法左右的。

笔者一方面本着自身作为一所相对有名的大学附中的校长应有的责任担当,另一方面也正是自身学校改革与发展尤其在培养创新人才上的客观需要,所以选择了这一主题进行研究。对研究的难点有所克服,可能也就是本文的创新之处。

---

① 陈金芳.高考招生制度改革走向分析[J].教育研究,2011,(10).

第二章　中学与大学合作的历史考察

大学与中学的合作可以说是历史悠久,对大学与中学合作的历史进行考察,可以让我们从历史中汲取智慧与教训,从而更好地立足于当下大学附中与大学合作培养创新人才的现实,为未来更好地促进高中与大学深度合作培养创新人才打下良好的基础。

第一节　国外中学与大学合作的历史

一、国外中学与大学合作的历程

早在19世纪末,杜威创办了实验学校,为师范生提供了在实验学校教育实习的机会,并让中小学教师到大学里学习各种类型的课程,这其中就孕育了大学与中小学合作的思想。

20世纪初,哈佛大学校长埃利奥特组织召开了大学与中学合作会议,讨论如何改进教育与教学方法,与会者主张大学应当更多地参与到改进中学教育中来,可以说这是美国大学与中学直接合作的开端。

20世纪60年代,英国教育家斯腾豪斯主持"人文课程研究",并在课程编制的过程中提出"教师成为研究者"的观念,进一步明确了大学和中学在合作行动研究中的角色,突出了一线教师在课程开发过程中的主体地位。[1]

---

[1] 赵玉丹.大学与中学伙伴合作:国外研究的现状及述评[J].内蒙古师范大学学报(教育科学版),2007,20(3).

20世纪70年代以来,兴于美国、英国等国家的大学与中小学结成伙伴,共同协作研究,探索中小学教师专业发展和学校改进等问题,在全球教育研究领域产生了越来越重要的影响。① 这种大学与中小学结成伙伴的观点,主张大学应与中小学联合起来,互取所长,共同促进教育理论与实践的发展,很快在各国得到了响应。

20世纪80年代开始,在应对教育变革的过程中,越来越多的大学认识到,如果他们还保持过去那种大学与中学各自独立的运作模式,是很难解决教师教育与学校改革中的诸多问题的。教育变革如想取得成效,应该是一项系统的、多方合作及参与的行为,而不是线型的、单方面的努力。1983年,著名的《国家处在危险之中:教育改革势在必行》的报告发表,引发了美国另一场教育改革运动。在这次运动中,许多学者提议大学与中学应该建立互补互益的合作关系,这样才能保证大学和中学的共同发展。

1986年,美国的霍尔姆斯组织在其报告《明日之教师》中指出:"自19世纪中叶以来,知识和社会对教师的需求量一直在以惊人的比例持续上升,但教师工作的性质和组织却没有多大的变化。"报告呼吁"把教育学院同中小学结合起来","中学不亚于大学,也是教师学习的地方",并提出了建设"专业发展学校"(Professional Development Schools,简称"PDSs")的设想。② 霍尔姆斯组织重要成员古德莱德指出:大学若想培养出更好的教师,就必须将中小学作为实践的场所;而中小学校想变为模范学校,就必须不断地从大学接受新的思想和新的知识。

20世纪90年代以来,大学与中小学合作伙伴关系建构已经成为一种世界性的趋势。大学与中学合作伙伴关系建构是一种创新,旨在实现大学与中小学的同时发展,涉及学校重建以提高中小学生的学习、教师教育准备的更新,以及在职教师的专业成长。③

二、与大学升学对接的课程开发的合作

关于大学与高中合作培养人才,比较发达的国家通常是通过课程的开发实施

---

① 张景斌.大学与中小学的伙伴协作:动因、经验与反思[J].教育研究,2008,(3).
② 霍尔姆斯组织.明日之教师——美国霍尔姆斯组织的报告[R].长春:东北师范大学出版社,1992:73—75.
③ 谌启标.西方国家大学与中小学的合作伙伴研究[J].教育评论,2009,(3).

而进行实质性的探索,即主要通过部分大学先修课程的形式或国际课程的形式与大学合作,为学生的升学作好准备。较为普遍的课程有:AP课程、IBDP课程、A-Level课程等等。

1. AP课程

"AP课程"是英文Advanced Placement Course的简称,发源于20世纪中期的美国,由美国大学理事会管理。在国内,通常将其译之为"大学先修课程",之所以这样翻译,包含两层含义,一是"先修",即大学水平的初级课程在高中阶段开设,学生可以在高中阶段预先学习有挑战性的大学课程;二是"大学层次",即学生学习AP课程并参加考试评估,考试成绩优异者,其课程成绩可能获得大学认可,并作为大学入学参考或兑换大学课程学分的依据,进而在大学学习时间和学费方面获得一定的优势[①]。美国学生在高中阶段可以选修AP课程,让部分具有创新潜质的学生在高中阶段提前修习相当于大学阶段的课程,如果能通过全国统一的选修课程考试,可获得大学学分,几乎所有的公立大学和大部分私立大学都承认这些学分。

截至2015年,AP课程共有7个类别、37门课程(见表2-1)。AP课程以学生发展为核心理念,分别在学术研究、艺术、英语、历史与社会科学、数学与计算机科学、自然科学、世界语言与文化等领域开设不同科目和层次的相关课程。

表2-1 AP课程类别与科目[②]

类别	科目
顶尖课程	AP研究;AP研讨会
艺术类	艺术历史;音乐理论;室内艺术;2D设计;3D设计;绘画
英语类	英语语言与写作;英语文学与写作
历史与社会科学	政府与政治比较;欧洲历史;人文地理学;微观经济;宏观经济;心理学;美国政府与政治;美国历史;世界历史
数学与计算机科学	微积分AB;微积分BC;计算机科学A;统计学
自然科学	生物;化学;环境科学;物理C;电磁学;机械力学;物理1;物理2
世界语言与文化类	汉语语言与文化;法语语言与文化;德育语言与文化;意大利语言与文化;日语语言与文化;西班牙语语言与文化;西班牙文学与文化

---

① 张婷婷. 美国高中大学先修课程的发展及启示[J]. 教育科学研究,2015,(11).
② 资料来源: https://apstudent.collegeboard.org/apcourse.

AP课程在其成立最初的一段时间里,规模有限。但AP课程理念充分反映出美国教育重视个性与兴趣、最大限度发挥学生潜能的鲜明特征。因而,逐渐被广大大学所接受。而今,AP课程已经成为全美高中推行优质教育的首要项目,同时也成为全球高中阶段的国际课程之一。目前,美国有近60%的高中开设AP课程,90%以上的高校承认学生AP课程的成绩和学分。2007年,全世界有146万多的学生参加了超过255万次的课程考试。每年有6万多名AP课程教师参加旨在提高专业技能的培训。[①] 到2014年,全世界180多个国家19 000多所学校的超过230万名学生参加了420多万次的AP考试。

2. IBDP课程

国际文凭组织IBO(The International Baccalaureate Organization)成立于1968年,是一个非赢利性的国际教育机构,总部设在日内瓦。IBO面向不同年龄阶段的学生,针对不同教育的需求,为全球的IB(International Baccalaureate)成员学校设立了三个课程项目[②]:一是为16—19岁的高中学生提供的大学预科国际文凭项目,也就是我们通常所说的IB文凭项目;二是为11—16岁的初中学生提供的中学项目课程,简称MYP;三是为3—12岁的学生提供的小学项目课程,简称PYP。

IB课程共设置三门核心课程(知识论;拓展论文;创造、行动与服务)和六类学科课程(见图2-1),即语言研究及文学、语言习得(母语以外的现代语)、个人与社会(历史、地理、经济学、哲学、心理学等)、科学(物理、化学、生物、环境系统等)、数学(进阶数学、数学、数学研究等)、艺术(音乐、美术、戏剧艺术等),共计超过190余门课程。

为了确保知识的广度,所有IB大学预科项目的学生必须根据自己的兴趣和发展方向选定六门课程来学习(每个组中选一门),每科皆有高水平(HighLevel,简称HL)、标准水平(Standard Level,SL)之分,高水平和标准水平课程教学时数分别为240、150小时。其中至少三门、但至多不超过四门是高水平课程,其他课程是标准水平课程。学生必须在前五大学科群中各选一门课程,第六门课程可以来自第六

---

① 田立新.在高中上大学——走近美国大学预修课程[J].世界教育信息,2004,(6).
② 翁燕文.全球化背景下的国际高中课程述评[J].宁波教育学院学报,2008,10(4).

图 2-1 IBDP 课程图示

学科群(艺术)或者再从前五大学科群中任选一门课程。学生从以上各组中任选一门学科,构成自己独有的课程体系。

IBO 教育组织"在全球范围内共 75 万名学生在读以及 104 000 名教师任教,这些机构和人员分布在全球 140 个国家的 3 110 所学校中。其中学校数目最多的是美国,共有 1 219 所,占到全球总数的 40% 左右,其次学校数目较多的国家是加拿大,共有 299 所,英国则有 224 所"[①]。目前,全球近 2 000 多所有影响的大学承认此项国际文凭组织的证书,几乎所有的世界名牌大学都十分关注和欢迎学习 IB 课程的毕业生。

3. A-Level 课程

A-Level 课程全名为 General Certificate of Education Advanced Level,译名为英国普通中等教育证书考试高级水平课程。该课程 1951 年正式启用,为英国的高中课程,是英国的全民课程体系,也是英国学生的大学入学考试课程,与中国的高考有一定的相似性。A-Level 课程证书被国际教育界誉为金牌教育课程和全球大

---

① 刘新. 国际 IB 教育简评——基于 IBDP 课程分析[J]. 兰州教育学院学报,2012,28(8).

学入学的金牌标准。

A-Level课程学制为两年,学生在上完IGCSE课程(年龄相当于中国的高一)后继续两年A-Level才能申请大学。而IGCSE课程,它相当于我们中国的初中课程,在英国,不准备上大学的学生学完两年的IGCSE直接就去读职业技术学校了。IGCSE课程是目前世界上公认的最成熟的体系、最好的初中课程。学生学完IGCSE课程能够很好地衔接A-Level。

在英国,A-Level课程种类繁多,包含有70多门,基本分成了如商科、物理学、经济学、计算机科学等多种模块,学生可以根据自身的兴趣爱好任意选择其中的3—4门课程进行学习。第一年为AS阶段,可选择3—4门课程进行主修,第二年为A2阶段,主修AS阶段最优秀的三门课程。

英国学生一般在16岁或稍大一些开始学习这种课程。A-Level课程中,学生选择学习的科目,与大学的专业知识对接,为学生大学时期的专业学习奠定了基础。[①] 目前该课程已在160多个国家的9 000多所学校开设,其成绩主要被英联邦国家的大学和美国的大学认可。

4. 其他课程合作的形式

日本1991年4月,第14期中央教育审议会在《关于适应新时代教育诸制度的改革》的报告中提出大学和民间团体等,以高中阶段的学生为对象,提供数学、物理等领域的大学层次的教育,并将其作为实验项目来推进。提供的形式主要有:接受高中学生学习大学的科目,举办公开讲座、研究班等。"每年约有1 000名高中生参加这个试验项目。当然,中央教育审议会也建议,考虑到学生个人的全面发展和对大学生活的适应能力等,建议这样的学生应是高中二年级以上、年满17岁的高中在校生。"[②]

韩国高中与大学合作培养创新人才的主要思路也是通过课程的合作。以韩国釜山科学英才高中为例,韩国任何一所普通高中三年的总课时是210—220个课时,而韩国釜山科学英才高中的总课时仅为145个学时。[③] 多余的课时,通过实行

[①] 钞秋玲,王梦晨.英国创新人才培养体系探究及启示[J].西安交通大学学报(社会科学版),2015,35(2).
[②] 该部分资料参见北京市"翱翔计划"《创新——让人生插上翱翔的翅膀》课题研究报告。
[③] 该部分资料参见北京市"翱翔计划"《创新——让人生插上翱翔的翅膀》课题研究报告。

PT、先修(AP)制度,促进学生快速发展,学生可以利用节省下来的时间集中精力于他们感兴趣的领域。釜山科技英才高中积极利用资源联系国内外大学,为高中升学提供方便。比如,2013年以后,韩国科技大学开始采用单独的招生标准录取釜山科技英才高中的学生。目前,釜山科技英才高中也积极争取到国内浦项科技大学、首尔国立大学和信息通信大学的单独招生协议;该高中也争取与国外大学的联系,如美国的普渡大学、弗吉尼亚大学等,联合他们开展合作。

芬兰的高中学生在自愿的基础上可以有更多的选择机会,例如,在数学和物理方面有天赋的学生,可以利用晚上和周末到坦佩雷大学学习更高深的课程。一些学生甚至可以参加开放大学项目提供的夏季课程,并获得线性代数和物理的大学学分。该项目已经得到了芬兰教育部和产业部门的支持。

三、在教育制度上衔接的大学预科合作

较为发达的西方资本主义国家早在18世纪后半叶已在一些大学之中开设预科教育,并在19、20世纪得到迅速发展,成为一种教育制度延续下来,试图实现中等教育和高等教育的衔接与合作。

1878年,东京大学设立了预科学校,学生在预科学习2至3年,成绩合格者升入东京大学,能否进入预科成为能否上大学的关键。

法国的工程师高等学校要经过极为严格的全国性考试。学生需要先进入设在中学的工程师高等学校预科班,接受为期两年的专门教育和训练。经过预科班学习后才能有资格报考工程师高等学校。

英国中学教育体制包括初中(7—9年级)、高中低段(10—11年级)和高中高段,即大学预科,也称为第六级。20世纪60年代,英国专门成立了预科教育机构"第六级学院",专门开设12—13年级的课程。70年代,又成立"第三级学院",设置课程为学术、技术和职业相结合的形式,学制为2年。

美国从20世纪30年代开始了相关探索,在学制设计上,专门设计了从事衔接教育的教育机构。美国的初级学院是介于中学和大学之间的过渡机构。初级学院一直是一种特别合适的机构。它不仅为那些准备转读四年制课程的学生开设学术性学院头两年的课程,而且它还提供咨询服务和补偿性、职业性的训练,并向青年人和成人开放继续教育。初级学院是中学的延续,其学生大体与中学相似,只不过人数较少罢了。文理学院具有一部分中学性质,一部分大学性质,即文理学院既从事普通教育,又从事专业教育。

苏联从1969年起开始在高等学校设立预科,截止到1980年,苏联共有653所、占全国75%的高等学校有预科。每年招收预科生10万多人,为高等学校输送了大批的合格生源。

从国外中学与大学的历史考察中,我们可以看到:西方发达国家高中与大学合作由来已久,其合作的领域与途径也是多样的,有通过课程中介的,有从教育制度衔接上的。他们所开展的教育实践,尤其在培养目标上的多样性、课程内容的丰富性与选择性、教学方法上的灵活性、与学制上的衔接性等方面给了我们重要启示。他们在学制设计、机构与制度建设、预科教育课程设置以及组织形式等方面的丰富经验,为我国探索高中与大学合作的模式与策略提供了有益参照。

第二节 我国中学与大学合作的历史

事实上,我国中学与大学合作的历史也是较长的。由于本研究的重点在于大学附中与大学的合作,本节在简要论述我国中学与大学合作的历史渊源后,再主要归纳新中国成立后普通高中与大学合作培养创新人才的实践,然后在第三节中重点围绕我国大学附中与大学在合作培养创新人才上进行考察。

一、我国中学与大学合作的历程

在我国普通高中教育发展历程中,大学附中一直扮演着十分重要的角色。我国最早的大学附中源于大学的预科,1902年中国近代第一个学制"壬寅学制",于各省设立高等学堂,近似于普通高中。1912年颁布的"壬子癸丑学制"取消各省设立的高等学堂,改称大学预科,并附属于大学,不得独立,且学制为三年。1930年,为了推动普通高中的发展,国民政府教育部通令大学暂停举办大学预科,部分大学预科转制为大学附属高级中学。

到20世纪50年代前期,社会主义建设事业需要大量的人才,面对人才紧缺的现状,根据"多快好省"的指导精神,教育部在全国范围内创办工农速成中学,旨在较短时间内,对所招收参加革命或产业劳动的工农干部及工人,通过施以中等程度的文化科学基本知识的教育,使受教育者能升入高等学校继续深造,培养成为新中国各行各业的建设者与接班人,这是当时人才培养的一条重要途径。于是一批工农速成中学应运而生。现在不少知名大学附中前身就是这样诞生的。例如,中国人民大学附属中学、复旦大学附属中学、上海交通大学附属中学等前身均为工农速成中学。

另外,大学附中产生的另一个原因是为了满足大学教职工子女入学问题,大学依托自身的优势而举办附属中学;同时,一些大学尤其是师范大学为了能更好地开展教育教学科研工作,举办了一批附属中学,作为教育改革与实验的基地。

近年来随着高中多样化特色化发展的客观要求,很多普通高中为了实现特色发展,纷纷转型成为与大学有部分关系的大学附中。比如上海市内的华东理工大学附属中学、上海财经大学附属中学、上海戏剧学院附属中学、同济大学第一附属中学、上海体育学院附属中学等等。

关于这一历史,前文已有详述,这里就不再累赘。

进入21世纪以来,时代的进步和社会的发展,尤其是基于将综合国力竞争归结为人才竞争的认同,世界各国对人才,特别是创新人才的培养,展现出前所未有的重视。从高中与大学合作角度培养创新人才,无论是西方发达国家还是我国,都在积极地探索高中与大学合作的理论与实践。

二、我国高中与大学合作培养创新人才的发展历史

自从1922年我国学制改革借鉴美国经验以来,大学和师范院校开始采用各种挂名为"实验中学"、"实验学校"或"附属中学"的实践形式。通过这种形式,大学与中小学开始尝试建立某种合作关系,但这种合作关系在很长时期内只是形式上的,本应具有的教育研究和培训师范生的功能逐渐削弱以至消失,大学的老师只注重纯理论研究,很少深入中小学进行研究,中小学教师更加关注的是教育教学实践,对教育理论基本上也是"漠不关心"。这造成我国长时期的教育理论和教育实践相脱节的现象。

20世纪80年代,为适应世界教育改革的潮流和自身发展的内在要求,教育行政部门为提升学校教育质量,开始提倡中小学从事教育科研。由于受到理论修养、经验及研究条件的限制,大多数中小学在进行学校本位的教育科研时选择了与大学(主要是师范大学)或其他教育研究机构进行合作,以获得大学老师的必要支持。许多师范大学或其他教育研究机构通过为中小学提供专业支援的方式,与中小学建立合作伙伴关系,打开封闭已久的教育理论与中小学的沟通之路[①],但这种合作的领域还比较有限,中小学教师在合作中处于劣势地位,只是辅助专家开展研究,大多还是充当被动的角色,没有成为真正的研究者。

但是从20世纪90年代中期以来,可能是由于国外70—80年代兴起的"教育行动理论"的激发,也可能是我国基础教育现实改革与发展的需要,一部分大学研究人员走出了大学"象牙塔",走进了中小学校园,和中小学教师一起开展合作研究。合作研究发展至今呈上升趋势,合作研究更加频繁,多数师范院校的教师都与中小学有着或多或少的联系。合作的领域也有了扩展,涉及课程开发、科研、教师教育、课堂教学等各方面。但是大学与中小学进行合作研究在实践中举步维艰,还存在着不少问题,尤其是我国的大学与中小学的合作还处于不成熟状态,只是一种低水平的合作。合作双方之间的关系是不平等的。中小学教师总是受到大学教师教育理念的影响,在合作中处于被动地位,对大学教师的依赖性太强,一旦大学教师撤出合作,中小学教师的研究便无法继续,很难解决教育教学过程中遇到的新问题,不能继续提高自己的专业素质和工作效率,教师自身的专业化发展更无从谈起[②]。

进入21世纪,特别是《国家中长期教育改革和发展规划纲要(2010—2020年)》的出台,促使我国大学与高中合作培养人才进入了一个高潮期。《纲要》明确提出:"支持有条件的高中与大学、科研院所合作开展创新人才培养研究和试验,建立创新人才培养基地。"根据《纲要》精神,各省市将高中生创新人才培养工作列入工作重点,积极探索高中与大学联合培养创新人才模式,纷纷启动高中生创新人才培养计划,见表2-2。

---

① 李宋昊,肖正德. 国内大学与中小学伙伴合作研究进展[J]. 全球教育展望,2010,(5).
② 邵志勇. 为了创新型后备人才的培育——依托高校合作办学培养创新型人才的研究与实践[M]. 上海:上海教育出版社,2013:13.

表 2-2　国内部分省市开展创新人才培养相关情况

项目名称	开始时间	实施主体	合作单位	目标宗旨	实践形式
北京市"翱翔计划"	2008年	北京市教委、北京青少年科技创新学院	部分中学、高校学科基地、部分大学或科研院所实验室	在科学家身边成长	全市选拔,生源学校、学科基地校及高校科研院所联合培养
上海市"创新素养培育项目"	2008年	上海市教委	4所市教委直属学校;3个区县;24多所实验性示范性高中;若干大学及科研院所	培养每位学生的创新素养,让部分有潜力特长突出的学生有更好的探究实践舞台	高中学校为主体,面向全体高中生。高中中学校选拔学生形成实验班,探索相关机制,拓展至全体学生,探索创新人才早期发现与培育规律
天津市"朝阳计划"	2010年	天津市教委、天津市青少年科技活动领导小组	部分优质中学和若干所高校	对学有余力且对科技活动有浓厚兴趣学生的针对性培养	全市选拔学员,进入高校和科研院所学习,在"朝阳计划"导师的培养下,不断提高科学研究能力,激励创新精神,为进入大学学习夯实基础
陕西省"春笋计划"	2010年	陕西省教育厅	7所大学、9所中学和部分科研院所	培养高中学生的科学探索兴趣和创造性思维能力	课题研究(面向38名学生);专家报告团、开放大学实验室(面向9所高中全体学生)
江苏省"普通高中创新人才培养试点"	2011年	江苏省教育厅	14所高中、部分高校和科研院所	激发和增强学生的科学精神和创新能力,使一批优秀高中学生的优势潜能得到更好的发掘、培养和发挥	进行兴趣和任务驱动下的体验式、探究式研究,联合高校和科研院所进行个性化培育,完成具有一定探索创新意义的研究课题

第三节　我国大学附中与大学合作培养创新人才的历史

我国在高中与大学合作培养创新人才方面探索起步稍晚。20世纪60年代,清华大学和清华附中开始在高中试办大学预科班,这可以视为现代高中与大学合作培养人才的最早探索。从20世纪90年代开始,一些大学开始与高中联手创办各种实验班,开设大学先修课程,高中与大学合作培养人才在全国范围内广泛开展着,尤其是以大学附中为代表的高中,基于其特殊的性质定位,在与大学合作培养创新人才过程中承担着独特的使命与责任。

从我国目前大学附中与大学合作培养创新人才来看,可以说,实践上是丰富多彩的,而理论的总结或者培养创新人才的理论探究是相对不足的。综观当下我国大学附中与大学合作培养创新人才的实践,主要呈现出以下特点。

一、实施载体主要集中在各类实验班的创设上

通过检索我国部分大学附中与大学合作的实践,发现联合开展创新人才主要集中在各种冠以"创新"、"科技"、"理科"等实验班的创设上。我们可以从表2-3中清晰地看到这一特点。

表2-3 我国部分大学附中与大学合作开展实验班的情况

大学附中	所属省市	实验班名称	合作大学
人大附中	北京	早培班	中国人民大学
清华附中	北京	创新实验班	清华大学
北京师大附中	北京	钱学森班	北京大学 北京师范大学
复旦附中	上海	人文实验班 科技实验班	复旦大学 上海交通大学
华东师大二附中	上海	科技创新实验班	复旦大学 上海交通大学
上海交大附中	上海	科技实验班 金融实验班	上海交通大学 同济大学 华东理工大学 上海财经大学
华中师大一附中	湖北	科技实验班 人文实验班	上海交通大学
西北师大附中	甘肃	昌绪工程实验班 特色实验班	上海交通大学
西南大学附中	重庆	创新实验班	重庆大学 西南大学
东北师大附中	吉林	理科实验班	东北师范大学
厦大附属科技中学	福建	启瑞班	厦门大学

以实验班形式开展合作，从课程、资源、教学、管理等方面进行试验，以达到以"点"到"面"，在这种意义上是有必要的。一方面，高中阶段的创新人才培养仍处于尝试阶段，许多改革措施仍有待观察后效，只能选点突破"先行先试"。学校全面放开面向全体学生进行探索既不可能也不现实，创新人才的培养必须有一个由点及面、逐步深化的过程。另一方面，从系统上变革培养方式并贯穿高中三年的完整过程，把具有创新潜质的学生集中起来进行专门培养十分必要，只有这样才有可能深入探索创新人才的培养路径，这些学生也才能够得到较快的发展，并在将来取得创新性成果。

二、合作主要体现在大学附中利用大学的优势资源

大学拥有较为雄厚的各种综合性资源，如专业课程、学者教师、大学生志愿者、学生社团、硬件设施、就业指导中心、国际交流渠道等。这种资源优势在大学附中与大学的合作过程中得到了淋漓尽致的体现。研究者对上海53所大学附中利用大学资源的情况进行了一次调研和相关访谈，整理出相关图表，较为直观地反映出大学附中利用大学资源的总体情况，见图2－2。

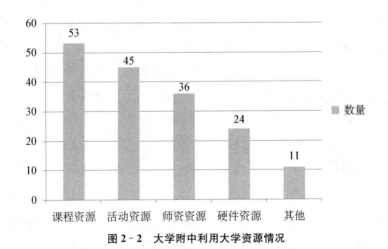

图2－2　大学附中利用大学资源情况

图2－2直观显示出大学附中利用大学资源主要集中在课程、活动、师资和硬件建设方面，也有部分学校还开发出其他资源。

在课程资源利用上，主要呈现出三个方面内容：第一，合理开发区域性共享课

程。以上海市杨浦区为例,杨浦区充分利用区内十几所大学的实际情况,将部分普通高中更名为大学附中,合理开发区级的共享课程,目前,杨浦区内已经联合开发成10余门拓展型课程。第二,全力对接高校课程。比如同济大学第一附属中学与同济大学开设出基础德语、三维动漫等建筑语言类特色课程,由同济大学专任教师任教;上海理工大学把机器人、计算机等优势专业向上海理工附中延伸,供学生选修。第三,借力建设校本课程。大学附中在校本课程开发过程中,着力构建基础厚实、开放度高的校本课程体系,为创新人才的培养拓展资源。如上海交大附中将交大课程资源引用到学校科技特色课程建设中,形成了三个特色课程教育模块。

在活动资源利用上,充分挖掘高校活动资源,建设实践基地引领学生成长。通过社团、各类学生自主活动,将创新人才培养与德育结合起来。比如,上海师范大学附中依托上海师大景观文化课程,让学生在景观中沉思,在文化中沉思,并进而形成了德育主题活动;上海交大附中通过"走进·走近"交大系列活动,让学生自主进入大学校园感受交大文化,与学校的自主德育相结合;复旦附中人文实验班通过开展人文学旅活动,让学生在学旅中感受大学人文气息。

在师资资源利用上,一方面通过利用高校师资力量为高中学生开设专题报告、前沿讲座和系列课程。通过调研发现,绝大部分与大学有合作关系的附中都采用了此类方式;一方面利用高校师资培养高中学校的师资。如上外双语学校与上外、上音、上体等高校共建上外双语教师"学科专业委员会",成立由11位各专业领域的高校专家、学者组成"学校顾问委员会",并定期召开"学科专业委员会"、"学校顾问委员会"峰会,为学校发展和教师专业发展献言献策。

在硬件资源利用上,研究者通过调查发现,硬件资源主要集中在实验室资源、实训中心、活动中心等方面。如同济大学向选修有关项目的学生开放"环境科学与工程中心"、"陶艺馆"、"王小慧摄影室";上海理工大学向附属中学开放"机械学院研究生实验室"、"虚拟技术中心"等五个研究场所。复旦、同济高校图书馆甚至对附中教师和学生全部开放。

同时,我们对一些上海市新兴的大学附中考察,发现新兴大学附中往往是由地方政府牵头,试图依托大学的声誉,从而提升原有高中办学的声誉,当然,其中也不乏办学品质有了提升的学校。

第四节　中学与大学合作历史考察的启示

从历史发展的纵向脉络和国外情况的横向脉络厘清大学附中和大学合作的"昨天与今天"。从该领域的研究或实践中找出经验用以借鉴，可以让我们更深刻地认识到"今天"大学与中学的合作让我们取得了什么成绩，还存在什么问题，从而为"明天"更好地促进创新人才的培养提出建议。从以往的研究和实践操作上看，从历史中我们大致可以发现主要有如下启示：充分重视高中在创新人才培养中的重要性、大学附中在培养创新人才方面存在的独特使命与价值，以及探究以课程为核心开展创新人才培养方式。

一、充分重视高中阶段创新人才的培养

从发达国家和地区的经验来看，美国 1988 年通过的《杰维斯资赋优异学生教育法案》，新加坡 1981 年开始实施的"天才教育计划"，韩国 2000 年、2002 年分别颁布的《英才教育法案》《英才教育实施令》等，高中阶段教育始终是各国关注的重点。在我国港台地区，实施重点也聚焦在高中阶段。1990 年，香港教育统筹委员会发布《第四号报告书》，为香港的资优教育打下了施政基础；1997 年，香港特区政府拨出 50 亿港元设立优质教育基金，扶持资优计划；教育统筹局自 2001 年推出"特别资优学生培养支持计划"，目的是加强对特别资优学生的培育及支持，让他们充分发展潜能和才能。我国台湾地区自 20 世纪 80 年代就将资优学生教育纳入特殊教育范畴，2008 年颁布了《资优教育白皮书》。

之所以强调高中阶段是创新人才成长的重要阶段，这主要取决于高中时期学生成长的特殊性和高中教育的独特价值这两大因素。高中教育将深刻影响一个民族的未来。高中阶段是人生观、价值观、世界观形成的关键时期，也是个人兴趣、习惯、独立性、责任感培育和形成的关键时期，而这些素质恰恰是创新精神的重要组成部分。因此，普通高中承担着为建设创新型国家输送各类人才的特殊使命，是创新人才早期发现和培养的"关键期"。而长期以来，我国高中教育发展相对比较单一，尤其是普通高中的人才培养模式和培养目标方面几乎趋同，这种模式的最大弊端就是学生没有自主发展的选择和可能，缺乏人才培养模式、培养目标的多样化，

创新人才难以脱颖而出。

二、大学附中在创新人才培养方面具有独特价值

从历史的考察中,我们可以发现大学附中在创新人才培养方面具有的独特价值:

第一,从数量发展上看,冠之以"大学附中"的中等学校规模有不断扩大的趋势,说明大学附中有其存在的特殊价值。以上海市大学附中发展状况为例,建国后至改革开放的三十年间,设立了6所大学附中;改革开放至1999年的二十年,设立了7所大学附中;而2000年后的十年,设立了19所大学附中。到2015年底,上海市目前冠以大学"附属中学"、"附属实验学校"、"实验中学"、"实验学校"等中学已经超过60所,且还在不断扩容中。上海市大学附中的发展趋势可以从图2-3中得到整体直观体现。

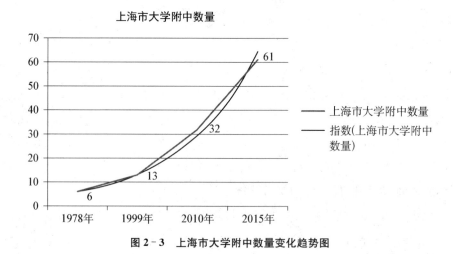

图2-3 上海市大学附中数量变化趋势图

从增长幅度看,近些年大学附中的发展速度、幅度都很大。特别是近几年来,越来越多的普通高中成为大学的附属中学,以致大学附中的数量不断增加。以上海为例,截至2015年10月,冠以"×××大学附属(或实验)中学(或学校)"的普通高中已达到61所,约占上海市普通高中的六分之一。从假设上看,如果大学附中没有存在的价值,这种增长的幅度应该是负增长或零增长。然而,这种增长是正相

关的增长,充分说明大学附中发展的特殊价值。

第二,从实施成效上看,大学附中在人才培养上的卓越成效说明了大学附中在创新人才培养方面的重要价值。研究者以上海市部分大学附中为例,整理出表2-4的相关内容。

表2-4 我国部分大学附中创新人才培养成效

学校名称	实施目的	实施成效
华东师大二附中	探索创新人才培养的规律,为拔尖创新人才的成长提供教育保障	在创新教育探索中,学生更加关注社会,关注国家发展。学生创新能力不断提升,一大批未来科技创新人才脱颖而出
复旦附中	依托大学探究创新人才成长的路径	形成了"素养—课程—教学—评价—保障"的创新素养培育操作体系
上海交大附中	为创新人才成长敞开希望空间	构建了科技特色课程体系;创新人才培养的基本模式;生涯规划教育的构建与实施
上海师大附中	积极探索有利于学生创新精神和实践能力生成与发展的教育教学方式	构建了特色课程体系;创新型教师培育机制的建立;教学资源开发取得突破
华东师大一附中	探索与创新素养培育相关的课程与教学的转变	构建了跨学科课程教育的理念;形成了"知识结构"教学的建构、解构与重组模式;形成了教师专业发展的"研修一体"模式
同济一附中	探索高中、大学课程建设与课程衔接的优化方案和创新型人才选拔与培育路径,为创新人才的成长搭建便捷通道	建立起创新人才指导的"导师制";实验班同学创新能力明显增强;创新人才评价指标的建立
上大附中	高中阶段创新型工程技术人才的发现、培养策略;创新班学生的管理与评价策略	制定积点制管理评价操作细则;开发了研究型课程教育专家系统;形成创新素养培养课程模式;形成与高校之间的互动机制

上述大学附中通常意义上说,都是当地有名气有较好口碑的学校,他们开展的创新人才培养实践及其取得的成果获得了大众的高度认可,充分说明了大学附中在创新人才培养方面具有独特的价值,具有其他普通高中无法比拟的优越性。

第三,从性质定位上看,大学附中是一种非常复杂的教育形态,它具有基础性、预备性、衔接性等多种性质,价值也非常特殊。

大学附中具有"基础性"。大学附中作为普通高中的重要组成部分,作为我国中等教育阶段的一部分,应该具备普通高中"基础性"的基本要求。石中英教授认为"普通高中教育总体上还应属于基础教育,是高层级的基础教育,是基础教育的完成阶段,是人的一生终身学习和未来发展的基础阶段"。① 也有学者认为"从教育性质上看,只有将高中定位为基础教育,才能真正推动高中的普及化及高中教育育人价值的实现。这是被我国近百年来高中教育改革与发展的历史证明的,并且无论社会情势如何变幻,这一点都必须坚持"。②

大学附中具有"预备性"。大学附中的"预备性"是指大学附中作为区别于普通高中的特殊定位。较之于普通高中,大学附中具有明显的"隶属"性质,在这种关系的情况下,大学附中的学生主要出路是通过大学自主招生的途径进入"母体"的大学进行深造学习(需要保证高考的分数线)。另一种是合作关系,大学和大学附中各自作为主体,围绕各自的利益开展合作。从目前的情况看,这种合作最为常见。从目标导向上看,大学附中与大学的这种合作关系具有浓厚的工具性导向,工具性导向的意义在于为大学的发展输送适宜的人才。在当代高等教育日益大众化的背景下,大学附中为大学输送人才的"预备"性质更加突出。

大学附中具有"衔接性"。所谓衔接性,并不是站在大学视角考量问题,也不是站在升学角度考量问题,而是站在人的自由可持续发展考量问题,实现人才发展的连续性。正如谢维和教授所言:"在培养学生综合素质的基础上,为能够上大学的高中学生作好接受高等教育的准备,增加课程与教学的学术性和学生学习的自主性与选择性,这体现了青少年发展与教育的间断性与连续性的统一,满足了大部分高中学生发展的需求。"③

贯穿于基础性、预备性、衔接性的本质内容是学生的可持续性发展。大学附中也必然站在人的可持续发展视角,强调基础知识的获取、深化作为大学附中的预备特点,从推动中等教育改革的角度衔接高等教育,重新审视自己的特色定位,与其他普通高中有所区别,实现大学附中的时代使命。

---

① 石中英.关于现阶段普通高中教育性质的再认识[J].教育研究,2014,(10).
② 刘万海.我国高中教育改革:历史经验与未来选择[J].全球教育展望,2014,(3).
③ 谢维和.从教育的间断性与连续性看高中改革——再论高中教育的定位与选择[N].中国教育报,2012-03-02(6).

三、课程为核心开展创新人才培养的合作研究

针对国内外高中与大学合作的历史考察现实,笔者又通过 Web of Science 数据库进行检索,以"Curriculum collaboration"和"University and School"为检索词进行高级检索,检索结果为 2002 年 1 月至 2015 年 10 月共有文献 212 篇;以"Curriculum cooperation"和"University and School"为检索词,以"主题"为检索范围进行高级检索,检索结果为 2002 年 1 月至 2015 年 10 月共有文献 32 篇。文献分布大致如表 2-5 所示:

表 2-5 2002—2015 年国外关于"大学与中小学合作"的文献统计

检索词	文献来源				
	ARTICLE	EDITORIAL	PROCEEDING SPAPER	REVIEW	LETTER
University and School	828	193	235	116	16
Curriculum collaboration on university and school	190	3	10	8	1
Curriculum cooperation university and school	27	0	3	2	0

尽管该统计属于不完全统计,但从尽可能掌握的这些数据可以清晰地看出,国外关于大学和中小学合作在课程方面的探究已经引起研究者们的重视。国内关于大学附中与大学的课程合作我们也可以从华东师大硕士研究生朱润蕾在其大学生"挑战杯"大赛项目的调查分析中得以论证。她以"大学"、"中小学"、"课程"、"合作"为关键词,以"主题"为检索范围进行高级检索。检索结果为 2002 年至 2015 年间共有文献 354 篇。具体情况见表 2-6。

表 2-6 2002—2015 年国内关于大学与中学课程合作文献统计

检索词	文献来源			
	期刊论文	学位论文	会议论文	报纸报道
大学与中学课程合作	187	162	3	2

这是从文献数量上进行的统计,但从文献的研究上来看,这些文献所呈现的内容主要是基于校本课程开发的角度,来探讨大学对中学的帮助。部分文献提出课程改革为大学和中小学合作提供了有利的时机;还有文献提出,在合作过程中大学

研究者深入到中小学,探究实际教学问题等等。

在实践层面,目前国内所有大学附中与大学合作培养创新人才的内容都涉及课程设置。一方面是大学附中利用大学的师资开发课程资源,如开发各种类型的主题报告、讲座等;另一方面是利用大学资源优化充实附中的课程资源,这些都充分说明课程设置在大学附中创新人才培养中的核心作用。

第三章　大学附中与大学合作培养创新
　　　　人才的现状调查与问题

在对中学与大学合作历史考察的基础上,我们对中学与大学合作的历史与近年来的发展情况有了初步的把握,为了使研究更好地面向未来,本章将进一步深入对当下大学附中与大学合作的现状,尤其是对存在的问题作更深入的研究。为此,就大学附中与大学合作进行了调查研究。

第一节　大学附中与大学合作的调查研究

一、调查研究及有关说明

由于全国大学附中数量众多,本研究主要针对"名大学附中"与大学合作的调查,考虑到研究的时间周期以及笔者能力等多方面原因,对全国有关大学附中的调研,主要采用访谈调研。在对上海市的大学附中进行预调研时,发现虽然上海的大学附中有六十多所,但不少新兴的大学附中并不能算是"名大学附中",而在上海市几乎所有的实验性示范性高中都或多或少地与大学有合作关系。因此,对上海市的调研又集中在当时的 56 所实验性示范性高中。

调研主要为了以下几个目的,第一,普通高中与大学合作的基础情况;第二,当前大学附中开展创新人才培养的现实做法;第三,大学附中与大学合作中存在的问题。对于第一个目的,主要是通过对上海的实验性示范性高中面上的调研,通过问卷调查以掌握合作的大体情况;第二与第三的目的,主要是通过访谈与现场考察两种途径来调研。

本节内容主要是论述通过问卷调研而得到的数据。笔者制定了关于高中与大学合作培养人才的问卷,发放到本市 56 所实验性示范性高中[①]。经过 1 年多时间的调研,作了统计汇总,对上海市实验性示范性高中与高校合作培养人才的现状与存在的现实问题有了初步的掌握。

为了便于调查对象的回答,问卷比较简洁,就设定了八个问题,分别是:

(1)"学校近 5 年来与高校有学生培养方面的合作吗?"

(2)"学校与几所高校有合作关系?"

(3)"学校与高校的合作培养的频率?"

(4)"学校与高校合作主要涉及哪些内容?"

(5)"学校与高校合作的主要形式有哪些?"

(6)"您觉得学校与高校合作后的总体预期效果达到没有?"

(7)"您觉得学校与高校合作中还存在什么问题?"

(8)"您对于学校与大学的合作有合理的建议吗?"

第 1 至第 6 个问题设定为比较封闭的选项,第 7 和第 8 个问题为开放式。

问卷发放对象为上海市 56 所实验性示范性高中校长或分管领导。因为笔者自身为其中一所学校的领导,同时又在上海市高中教育管理专业委员会任职,加上前期的铺垫工作,所发放的 56 份问卷回收率为 100%。

二、问卷调研统计数据分析

对于第 1 个问题:"学校近 5 年来与高校有学生培养方面的合作吗?"数据反映出的情况看,全市 56 所实验性示范性高中均参与到与高校的合作中,比例为 100%。充分反映出优质高中与高校开展人才培养的合作方面参与度极高。

对于第 2 个问题:"学校与几所高校有合作关系?"数据汇总情况如图 3-1 所示:

与 2 所及以下高校有合作关系的高中学校比例约占 46.43%,比例最高;其次为 2 至 5 所,所占比例 30.36%;5 所以上合作高校占比 23.21%。

[①] 56 所实验性示范性高中名单来自上海市教委官方网站:http://www.shmec.gov.cn/web/glxx/listInfo.php? id=24819。本研究并未向相关高校发放问卷,原因是与高中学校开展合作的高校数量太少,统计学意义不明显;第二,本研究站在高中学校的视角探究相关问题。

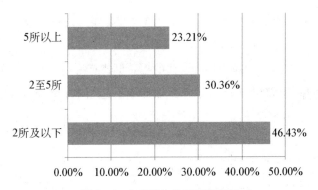

图 3-1 与高校合作关系调查图

对于第 3 个问题:"学校与高校的合作培养的频率?"通过数据汇总,情况如下:约 30.36%(17 所)的高中学校每年与高校开展合作活动的次数低于 10 次;约 51.79%(29 所)的高中学校每年与高校开展合作活动的次数处于 10—30 次之间;约 17.86%(10 所)高中学校每年与高校开展合作活动的次数高于 30 次。由此可见,本市有一半的实验性示范性高中与高校的合作频率还是比较高的,达到平均每月 1—2 次。

对于第 4 个问题:"学校与高校合作主要涉及哪些内容?"所设定的回答项目主要有课程、教学、德育、师资、社团、实践、其他,该项为多选题。汇总情况如图 3-2 所示:

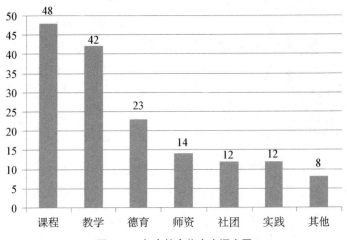

图 3-2 与高校合作内容调查图

55

从上图可以清晰直观地看出,高中与高校的合作关注点比较集中在课程和教学两个领域。

对于第 5 个问题:"学校与高校合作的主要形式有哪些?"所设定的回答项目主要有:专题讲座、课题指导、参观、活动、其他等,该题同样设定为多项选择。汇总后的大致情况如图 3-3 所示:

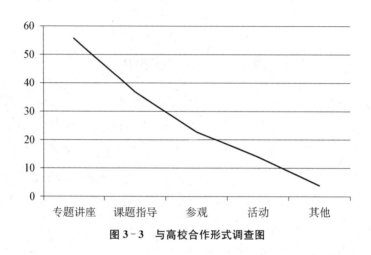

图 3-3 与高校合作形式调查图

可以看出,专题讲座和课题指导占据着绝大部分的比重,参观、活动和其他形式的合作比例较低。

对于第 6 个问题:"您觉得学校与高校合作后的总体预期效果达到没有?"所统计出的情况是"满意"约占比 26.79%(15 所),"比较满意"约占比 35.71%(20 所),"不满意"约占比 5.36%(3 所),"说不准"约占比 32.14%(18 所)。

对于第 7 个问题:"您觉得学校与高校合作中还存在什么问题?"写出的情况并不是十分理想,从回收的问卷来看,13 所学校并没有填写该项内容;其他 43 所高中校都能根据实际情况填写。虽然各校所写的内容比较分散,根据研究者汇总分析,发现问题主要有以下几个方面:

(1) 实质意义上的合作不够,比如高校所给的自主招生名额;

(2) 上级的政策并没有给予落实,比如合作过程中的经费问题;

(3) 因为学生面临高考压力,参与积极性并不高;

(4) 合作过程并不系统,比如专家的报告涉及各行各业,对于高中生来说更多的是丰富知识,但不能满足学生专业兴趣发展的需要等。

对于第 8 个问题:"您对于学校与大学的合作有合理的建议吗?"关于该项,大致都是围绕第 7 个问题的来回答的。主要建议可以归纳为如下几点:

(1) 上级的政策经费等支持;
(2) 高校的录取倾斜;
(3) 更加深入系统地开展合作;
(4) 高中师资培养上也要开展合作。

三、调查初步发现

从以上的问卷调研情况看,我们得出初步发现:

第一,高中学校与大学的合作数量较为单薄,大部分在 2 所左右,这样的合作面比较狭窄,不能适应众多学生多样化发展的需要;

第二,高中学校与高校合作的内容与形式也比较单一,不能从人才的持续发展角度考虑问题,更多地侧重于学习及升学,而利于学生适应高校环境的学习方式、活动方式等并未出现,从调查中合作内容的"课程"、"教学"比例之高可以得出此结论;

第三,高中学校与大学合作培养学生的过程中,评价机制目前处于缺失的状态,导致了问卷中关于合作成效的满意度的"说不准"占据很大部分比例,充分反映出评价机制亟需建立。

第二节 当下大学附中培养创新人才的主要做法

根据上述问卷调研的初步结果,接着研究者重点围绕当下大学附中自身培养创新人才的做法和与大学合作两个重点进行研究。如上所述,课程是创新人才培养的基础平台。创新人才的培养必须依托基础厚实、开放度高的课程体系。因此许多大学附中在开展创新人才培养过程中,对传统课程体系进行重大调整,力求体现课程的多样化、综合性与实践性,同时加强对学生的生涯规划指导、专业师资的开发以及评价体系的完善。

一、加强创新人才培养课程的改革

无论是前面的文献分析还是实际的调研都发现,当前大学附中关于创新人才培养的课程改革与建设是重中之重。主要体现在如下三方面。

1. 基本创新课程和资优创新课程

根据课程指向的对象范围,目前各地区创新人才培养课程主要可以归为两类:一类是针对全体学生创新素养提升的课程体系,称为基本创新课程体系;另一类,是在基本创新课程体系之上,专门为拔尖创新人才搭建的课程体系,称为资优创新课程体系。在目前国内的创新人才培养项目的课程体系中,对于基本创新课程体系与资优创新课程体系关系的处理存在两种不同的做法。

一种是以华东师范大学第二附属中学的课程体系为代表的兼顾派,既开发基本创新课程也注重资优创新课程的开发。如该校紧紧围绕学校的育人目标,提升学生的创新素养,既开发了适应全校学生的大文化类课程、STS(科学、技术和社会)类课程、社团活动课和德育课程,也有为特优生准备的荣誉系列课程;[①]还有陕西省"春笋计划"参与校采取开放高校实验室供学生参观学习、引进专家报告团为学生开展科普讲座和课题指导的做法的同时,也为资优生提供直接参与高校课题研究的课程;[②]湖南师范大学附属中学以校本课程建设为突破口,建立特色鲜明的学校课程体系,开发出提高型、兴趣型、实践型与研究型四类校本课程,为学生差异化发展搭建平台。[③]

另一种是以北京市"翱翔计划"课程体系为代表的拔尖派,倾向于注重拔尖创新人才课程的开发,开设的课程分为过渡性课程、基础素养课程、考察实践课程和专业拓展课程,而这些课程仅适用于生源地学校推荐到基地校的优秀学生,而且这些课程独立于学校课程,学生利用课余时间和国家选修课的时间来完成。[④]

兼顾派能够在培养拔尖创新人才的同时,培养和激发一般学生的创新动力和

---

① 何晓文. 德育引领创新:华东师范大学第二附属中学创新人才培养的探索与实践[M]. 上海:华东师范大学出版社,2009:39—47.
② 吕明凯. "春笋计划":问道创新素质和创新人才培养[J]. 基础教育课程,2011,(10):53—56.
③ 常力源. 为培养创新型高素质人才奠基——湖南师范大学附属中学的办学思想与实践[J]. 中国教育学刊,2008,(5).
④ 纪லி. 多样化、个性化:让学生在科学家身边成长——北京市教委副主任罗洁谈"翱翔计划"[J]. 基础教育课程,2011,(10):19—23.

积极性。虽然在课程实施的成本方面会给学校带来一定的压力,但其成效是显而易见的。拔尖派则集中力量为拔尖人才提供优质的资源,可以将有限的资源利用效率提升到最优化,也是一种无可厚非的做法。就我国目前的教育资源分布状况来看,兼顾派的培养模式更适合在经济发达和教育质量较高的学校开展,而拔尖派的创新人才培养模式则适合于经济发达地区由政府牵头予以实施。

2. 资优创新课程价值重塑与认定

资优创新课程是专门为学校中的拔尖创新人才开设的课程,集中了学校的优势资源与合作高校的软硬件力量。但参与资优创新课程必然会影响到学生参与传统课程的精力,如何保证学生在参与创新型人才培养计划的同时,能够通过高考或者绕过高考顺利进入理想中的大学学习是不可回避的问题。这就涉及如何在高考体制中进行资优创新课程价值认定,保证拔尖人才顺利升学。在此方面,目前主要存在直升大学模式、优惠政策模式和第三方模式三种课程价值认定模式。

直升大学模式被认为最为重视中学创新课程价值,学生在参与资优创新课程学习时,便获得进入大学学习的资格,这类模式的典型代表是西安交通大学少年班项目。该项目规定,"少年班实施预科—本科—硕士八年贯通式培养模式,其中 1 年高中教育,2 年按理科进行基础教育,3 年宽口径专业教育,2+X 年研究生教育"。这种合作模式,直接规避了高考压力,为创新人才培养节省了大量时间。[①]

优惠政策模式是指参与学校资优创新课程的学生能够获得高校给予的高考加分优惠政策。这类模式的典型为同济大学"苗圃基地"。苗圃基地中的学员在经过动态的考核后能够获得同济大学的高考录取分数优惠政策,最终选出优秀学生,只要在高考中达到一本线就可以被同济大学录取,而正常情况下同济大学的录取分数线要高于一本线四五十分。[②]

第三方模式是指参与资优创新课程的学生的成绩与高考并不直接挂钩,但是其学分为大学所认可,成绩可以作为大学录取学生时的参考标准,这类模式的代

---

① 夏禾.''伟长计划''培育创新人才,苏州中学确定拔尖人才培养思路[N/OL].苏州日报,2011-09-12(5)[2014-05-20]. http://www.sszzx1000.com/dtlview.aspc=39&id=3624&page=0.
② 俞水.高中大学"联弹",弹出好曲有多难[EB/OL].(2012-07-02)[2014-05-20]. http://jijiao.jyb.cn/sd/201206/t20120630_500751.html.

是北京市"翱翔计划"。①"翱翔计划"课程学分计入基地校的相应课程模块中,但该计划并不为学生提供高考中的优惠政策,专注于培养学生的创新精神与能力。

3. 创新人才培养课程的基本结构

调研发现,创新人才培养的关键在于制定一套适应学生个性和学校实际条件的课程体系,为学生提供最有效的、最适合自身特色发展的课程资源。各学校的创新人才培养课程虽各有特点,在开展创新人才培养的学校中,不同的学校面临着不同的外部环境和各种类型的创新人才,这种环境的差异性也必然导致不同学校开发出的创新人才培养课程体系,体现出各地各校的"本色"。

例如,"翱翔计划"专门为参与到该计划中的拔尖人才设置了一套课程体系,该课程体系专注于学生的创新能力培养,传统课程的授课内容并不在该体系之内。"翱翔计划"课程体系包括过渡性课程、基础素养课程、考查实践课程和专业拓展课程,这四类课程都致力于学生科学创新素养的提升,学生基础知识的学习依托于学校的传统课程和学生的自主学习。因此,"翱翔计划"的授课除了利用学生研究性学习的时间外,还将课程延伸到周末和学生的假期,这是"翱翔计划"独立性的表现之一。

又如复旦附中富有特色和个性的课程设置:学校为实验班学生安排了必修、选修、辅修和特选四大板块。其中必修课程为语文、数学、英语、科学、人文、艺术和体育,每周共23课时。选修课程分数学类、文学类、外语类、科学类、人文类、艺术类等六大板块,每位学生可选其中的三大板块,它以英美通用的 AP、DP 国际课程及 A-Level 的大学预科课程为参考模本,开设针对性的模块课程,逐步完善,形成贯穿三年的选修课程系列。辅修课程分为知识理论研习、实验创新活动、扩展阅读写作等三大板块,每位学生可选其中的两块。第一学年在校内辅修,第二学年以校外辅修为主,第三学年是以导师指导下的专业辅修为主。特选课程,即实验班学生在三年中将分步完成四个"校外单元":一个月以上的海外研修经历,一个月以上的大学课程学习,一个月以上的社会实践或见习经历,一个月以上的国内同类型高

---

① "翱翔计划"——北京培养高层次高中生的新尝试[EB/OL].(2012-07-11)[2014-05-20]. http://blog.sina.com.cn/s/blog_49edd2400100qbki.html.

中交流学习,确定每个单元120课时,每个学生都必须参与。①

虽然各个学校的创新课程体系都带有强烈的本校特色,但通过分析比较不难看出,上述课程体系尽管存在具体课程设置上的差异,但是基本上都可以归结为基础型课程、研究型课程以及实践类课程三类。基础型课程旨在培养学生的基本科学素养,奠定的是学生创新能力生成的基础条件,研究型课程是建立在基础型课程之上的创新能力提升训练;实践类课程是对学生生活和工作能力的训练,创新人才培养不能只注重创新能力的培养,学生社交能力、领导能力、道德素养都是不可忽视的部分。创新人才培养课程体系已经形成了基础型课程、研究型课程和实践型课程的基本框架,进一步完善课程体系还需要在具体的课程开设上结合学生的兴趣和学校的实际。

二、创新人才培养生涯教育的设计与实施

生涯教育是培养创新人才的重要途径,其旨在帮助学生在正确认识自我的基础上自主规划人生,范围涉及学业、心理、生活、职业等多个方面,着眼于人的全面、可持续发展。自美国1971年提出生涯教育以来②,学界对国外中学的生涯教育情况进行介绍,为我国中学开设生涯教育提供了重要的参考。目前,生涯规划教育内容主要涉及生涯教育的课程体系与实施途径以及开展生涯教育的支持体系等方面。

1. 生涯教育的课程体系

生涯教育课程分为专门的生涯教育课程、生涯相关的学术课程以及特殊生涯指导课程三类;课程内容包括自我概念,有关职业、教育、经济的概念与技能,行为主体的感觉,情报处理技能,对人的关系,对劳动的态度与评价六个方面,但每个阶段针对各内容要达到的目标又有所不同;生涯教育课程具有综合性、实用性以及多

---

① 沈祖芸.上海探索创新人才培养多元模式:四所高中"实验班"观察报告[J].上海教育,2009,(5B).
② "生涯教育"一词最早是1971年由美国联邦教育部部长MarLand博士提出的。目前,全美各级生涯教育基本上都是根据《国家生涯发展指导方针(NCDG)》开展的,它是由美国国家职业信息统筹委员会(NOICC)开发的一个生涯发展的蓝图,其将中学的生涯发展分为认识自我、教育与职业的关系探索以及职业生涯规划三个领域,每个领域下都设有相应的能力指标。

样性的特点①。南京师范大学附属中学开设"生涯规划"课程探索拔尖创新人才的培养,目的是帮助学生在学习、人格和情感等方面得到全面的完善。具体地讲,包括高一的学业规划、高二的职业规划和高三的事业规划三个部分,并通过选修课、社团活动等丰富的形式展开。②也有高中将生涯教育课程的目标归纳为四个方面③:第一,知己——认识自我;第二,知彼——认识"三业",即行业、职业、专业;第三,认识教育与职业的关系;第四,职业决策。课程内容由三大模块组成:模块一,认识自我。包括认识自己的职业兴趣、职业技能、职业价值观以及气质和性格;模块二,认识"三业"。包括职业探索的途经和内容、行业专题介绍、职业专题介绍和大学专业专题介绍;模块三,认识教育与职业的关系。包括认识到学习与职业的关系、了解与运用职业生涯信息的技巧以及寻找和获得工作所必要的技能知识。

2. 生涯教育的实施途径

关于生涯教育的实施途径,概括地讲,都体现出"形式多样化、理论学习和实践体验相结合"的特点。与美国实施生涯教育课程的途径——主要有课堂教学、实践体验、模拟演练以及计算机辅助教学、生涯咨询等④相类似,北京师范大学第二附属中学组建"导师团"根据学生的兴趣和发展方向,指导学生进行生涯规划。以厦大附属科技中学为例,导师在与学生个别接触并了解学生的现状规划后,不仅给学生提出指导性的建议,还反馈给创新班科任教师,提供如何在日常教育教学中有意识地渗透生涯规划教育方面的建议。⑤还有人提出了实施生涯教育的三种模式⑥,即专题讲解模式、学科渗透模式以及活动体验模式。另外,也有学者建议⑦采用案例引入、角色扮演、演讲讨论,或是课程介入、教学渗透、职业咨询、职业参观或"职业日"活动以及职业实习等活动。

---

① 杨婧.从美国生涯教育的经验看我国普通高中生涯教育及其课程设置[D].天津师范大学,2007.
② 宋文伟."生涯规划"造就一流人才[EB/OL].(2012-07-11)[2015-10-15].http://www.chinadaily.com.cn/zgzx/2009-03/31/content_7634255.htm.
③ 吴凤丽.高中阶段职业生涯规划课程的设计研究[J].科学教育家,2008,(5).
④ 杨婧.从美国生涯教育的经验看我国普通高中生涯教育及其课程设置[D].天津师范大学,2007.
⑤ 万圆.论高中创新教育实验班的办学特色[J].厦门广播电视大学学报,2014,(5).
⑥ 黄岳辉,刘成静.普通高中阶段职业生涯教育探析[J].上海师范大学学报(基础教育版),2007,(6).
⑦ 吴炳进.高中生涯辅导课程设计的实践探索[J].中国校外教育,2009,(7).

3. 生涯教育的条件保障

生涯教育成功需要诸多条件的支持,概括起来主要有法律、资金、师资、课程、相关组织的建立以及国家、学校、家庭、社会等多方面的通力配合。我国台湾地区的生涯教育也有法律、课程、资金、研发、师资等方面的支持,相关管理部门建立了职业生涯辅导人员能力指标①,并设计了相应的培训课程。② 学者常学勤总结了发达国家生涯教育的五条经验③,分别是国家重视并立法保障生涯教育的实施;将内容丰富的生涯教育纳入基础教育课程体系;生涯教育面向全体学生,而不仅仅是高中毕业年级学生;有专业化的职业指导教师队伍;学校与社会、家庭形成生涯教育的合力。④

目前我们的生涯教育具有全面性、全程性和差异性的特点。全面性即生涯教育的课程、手段等多元化、系统化,生涯教育参与主体的全员化;全程性即是说生涯教育是长期性的,着眼于人的持续发展,而不是只针对某一个时间段;差异性是指生涯教育在课程内容、形式、实施方式等方面,要贴切学生的年龄特征、需求特征等,并兼顾学生个体之间的差异。

三、创新人才培养的专业师资开发

专业的师资是培养创新人才极其重要的保障,离开教师队伍建设,创新人才的培养也就成为无本之木、无源之水。目前在师资开发与培养方面的探索主要涉及三个方面:开发高校师资、发展中学师资与开拓社会师资。

1. 对高校师资的开发

高校师资较之中学教师在学术研究能力和技巧方面具有突出的优势,尤其是高校学术领域内的专家、教授,他们对于问题的认识能力和思考角度对引导和启发学生的创新思维具有重要价值,同时他们对于科学研究的热情和严谨的治学态度

---

① 辅导人员的能力指标为:探索自己的能力、了解自我工作价值观的能力、资料收集及处理的能力、认识工作世界的能力、使用评量工具的能力、一般咨询能力、生涯咨询能力、认识特定人口的生涯需求、生涯抉择能力、生涯管理能力和休闲规划能力。
② 周羽全. 我国台湾地区中小学生涯教育研究[D]. 上海师范大学,2011.
③ 罗汉书. 职业生涯教育的国际经验剖析[J]. 教育发展研究,2005,(7).
④ 常学勤. 发达国家生涯教育的经验与启示[J]. 教育研究与实验,2009,(3).

对学生素养的培育也起着潜移默化的作用。各学校在开展创新人才培养工作时都注意到了对高校师资力量的充分开发。北京市"翱翔计划"是由北京教育科学研究院负责组织实施,高校、科研院所、区县教委和示范高中校相关人员共同参与的,该计划采取师徒结对的培养方式,让学生在实验室中与高校导师直接接触,定期为学生开展科学家报告会,由高校导师指导学生开展课题研究等方式引入高校师资力量,极大地提升了该项目的成效。[①] 一些中学也在拓展高校师资资源方面作出了有益探索:人大附中为"拔尖创新人才培养班"学生设置了多导师制,邀请多位院士、教授和研究人员为学生做校外导师。

2. 对中学师资的发展

创新人才培养并不只针对拔尖创新人才,更重要的是对学生进行创新素养的普及训练,仅仅依靠有限的高校师资力量的引入是解决不了问题的,创新教师的培养还是要依靠中学自身的挖掘和培养。在高校师资和中学师资之间建立起相互交流沟通的机制,促使双方在工作实践中相互学习和相互促进,进而实现中学教师的自我成长。教师的自我成长也体现在指导学生课题研究的过程中。如"春笋计划"中的一批中学教师在各级各类的评优活动中获奖、华东师大二附中生物教师娄维义在指导学生课题研究中获得了斯坦福大学工学院"弗雷德里克·特曼工程学术成就奖"、西北大学附中生物教师姬爱莲获得全国中学生生物竞赛优秀辅导奖及全国青少年科技创新大赛优秀辅导员奖等,这些案例充分体现出参与创新人才培养工作本身对中学教师专业成长的促进作用。

3. 对社会师资的挖掘

有学者认为"青少年创新人才的培养不能依靠单一的课内学习途径,他应该广泛利用学校、家庭和社会一切可以利用的资源,构建中小学创新人才多元化的培养模式"。[②] 社会上的专业人员掌握大量的实践经验和专业知识,对于启发学生思维、引导学生解决实践问题具有有效的作用。许多学校也在这方面进行了尝试。上海交通大学附属中学组建了以交大附中校友为主体的"交大附中校友讲师团"和

---

① "翱翔计划"——北京培养高层次高中生的新尝试[EB/OL].(2012-07-11)[2015-05-23]. http://blog.sina.com.cn/s/blog_49edd2400100qbki.html.
② 王友文.新闻话题:青少年创新人才培养不能仅靠课堂[EB/OL].[2012-07-11]. http://www.jyb.cn/basc/sd/201007/t20100717_375943.html.

以学生家长为主体的"学生家长讲师团",聘请往届的校友和优秀学生家长通过专题讲座、授课等形式对学生进行教育和培养;①美国著名的托马斯·杰斐逊科技高中聘用大量校外机构的专业人士做学生导师,这些校外师资大多来自工商界和政府等校外机构;美国伊利诺理科高中也从社会上聘请了150多位专业人才作为学生的兼职教师。宁波市北仑泰河中学校长李华斌认为,社会专业人士的专业技能和经验能否为教育所用,关键在于能否为其中一些有志于做教师的人士建立起合适的进入通道。可见,要引入社会师资力量进入创新人才培养体系,仍有许多问题需要解决。

四、创新人才培养评价体系的完善与创新

在创新人才培养项目中,完善的评价体系是保证其培养目标得以有效实现的必要条件。现有关于大学附中与大学联合培养创新人才的评价主要指向两个方面:一是对培养对象——学生的评价,二是对培养者——教师的评价。

1. 对创新人才的评价

学生是创新人才培养工作最为基础的主体部分,对其评价包括初始期对具有创新潜力学生的甄别、选拔和接受培养后学生创新素养的提升。

总的来说,现在我们的大学附中对创新人才的评价和选拔力求突破"唯分数、唯智商"的标准,转变传统的人才观念,充分发掘创新人才个性化的创新能力。

不"唯分数是从"的观念在创新人才培养的实践中也有一定的体现。同济大学"苗圃计划"在对学生的最终评价上,除了参考学生平日里的学业成绩,还将参考"苗圃基地"的学生拥有的3个档案:记录学习体会的学生成长手册、记录学生品德状况的班主任管理手册及参与合作培养的同济大学教授的记录手册,呈现学生的简介、对学科的兴趣、科学活动表现等。北京"翱翔计划"对学员的评价按照选修课程的目标,根据方式多样、注重过程的原则,综合运用观察、交流、测验、动手操作、作品成果、自评与互评等多种手段,为每一位学员建立成长档案袋,逐渐形成多元、动态的发展性学员评价体系。② 可以说,目前对于创新人才培养成效的评

---

① 徐向东. 无缝衔接:中学依托高校进行创新人才早期培养的理念与策略——以上海交大附中"科技实验班"为例[J]. 全球教育展望,2012,(4).
② "翱翔计划"——北京培养高层次高中生的新尝试[EB/OL]. (2012-07-11)[2015-05-24]. http://blog.sina.com.cn/s/blog_49edd2400100qbki.html.

价已经脱离了唯分数的局限,更加注重对学生成长的过程性、动态性和多元性评价。

2. 对培养师资的评价

一套完善、合理的教师评价体系是推动教师投入创新人才培养的重要保障。目前,在大学附中与大学联合培养创新人才项目中,针对高校教师评价的缺陷主要在于高校没有将教师耗费在创新人才培养项目上的精力和取得的成果充分纳入对其的考核评价之中,导致高校教师缺乏动力。"我国当前对高校教师的评价都围绕课题、论文和获奖,而不是关注为人才长远发展作出的贡献。"[1]一位大学教授也在采访中称:"我们现在指导高中生,不算工作量,没有相应的机制支撑,往往是凭着自己的兴趣和责任感在做。"可以看出,高校并没有把高中阶段创新人才培养作为评价教师的指标,或者只是给予非常小的权重。在中学,学校对教师在创新人才培养上的投入和成果的认同程度高于大学。西北大学附属中学以教师日志为手段,对每节课、每位教师进行过程管理,每学期组织多层面的教学质量评析,将教师在创新人才培养中投入的精力和取得的成果都纳入到教师评价体系中,从而对教师展开全面的评价。[2]

众多大学附中基于自身的优势,选取适切的合作方式,在现有的制度框架内,以尊重教育规律和人才成长规律为前提,"另辟蹊径",探索创新人才的培育之路,无论是在培育理念、模式还是具体策略上都形成了一定的经验,为其他高中开展探索提供了很好的参照。同时,我们也看到大学附中与大学合作培养创新人才的过程中的关键节点,以及具体操作要点上所存在的问题。这些瓶颈问题的厘清,可以为大学附中与大学开展深度合作、构建创新人才的新模式提供路径指引。

第三节　大学附中与大学合作的六种模式

上述我们是主要从大学附中自身培养创新人才内在的培养模式上进行调查

---

[1] 俞水. 高中大学"联弹",弹出好曲有多难[EB/OL]. (2012-07-02)[2015-05-24]. http://jijiao.jyb.cn/sd/201206/t20120630_500751.html.
[2] 杨晓云. 西北大学附属中学新课程改革的实践与探索[EB/OL]. (2012-07-11)[2015-05-24]. http://www.zgxzw.com/news/view.asp?ID=158008.

研究而总结的。而研究的另一重点,是大学附中与大学的合作机制。通过调研,综观当前国内的大学附中与大学衔接培养创新人才的实践合作,可以归纳为六种模式。

一、大中小"一条龙"整体教育改革模式

这种模式以清华大学附属中学和中国人民大学附属中学为代表。21世纪初,清华大学与清华附中形成以培养一流创造型人才为目的的《清华大学附校(一条龙)整体教育改革实验模式》,旨在推进大、中、小学衔接。该模式中,大学与中学从教育思想着眼,有计划地进行改革试验,把教育科学研究与教育教学改革结合起来,主要特点是充分利用清华大学名师的优势,并在体制和机制上提供保证,清华附中在其中起着桥梁和纽带作用,形成"一条龙"的创新人才培养模式。同一时期,中国人民大学附属中学也在推进创新人才的早期培养探索,2010年4月,经北京市教委批准,中国人民大学附属中学与中国科学院、中国社会科学院合作开展"拔尖创新人才早期培养"项目,建立"拔尖创新人才早期培养基地"。早培基地的学生采用弹性学制和过程性评价机制,根据学生的发展和需要适时分流,其目的是培养能推动世界以及人类进步的人,培养各个领域内的领导人物和领袖人物,从而形成了小学、初中、高中、大学一条龙的拔尖创新人才培养体系。

二、大学附中与大学合作创办实验班模式

这种合作模式,最早是1988年清华大学与清华附中联合创办了理科实验班,这是大学与高中合作培养创新人才的一种新探索。后来如厦门大学与厦门大学附属科技中学创设启瑞班、华东师范大学第二附属中学创设人文创新实验班、西南大学附属中学开设创新班。与此同时,各高校也在向附属中学和高中开展各项人才培养改革试验。同济大学面向高中推行的"苗圃计划",上海交通大学、华东师范大学、复旦大学及北京理工大学等都与其附中合作开展类似的实验班,且"大学附中效应"正在辐射扩散,尤其是《国家中长期教育改革和发展规划纲要(2010—2020年)》颁布后,部分地区高中类似实验班遍地开花。此类实践,为探索高中与大学合作进行创新人才培养,提供了一个有益的突破口。

三、开设大学先修课程为载体的衔接模式

2003年,上海交通大学与华东师大二附中合作为高三学生开设大学先修课程,拉开了我国高中开设大学先修课程的序幕。此后,不少高中开始尝试开设类似的大学先修课程。2015年11月28日,"高水平大学人才培养与基础教育的衔接"高峰论坛暨中国慕课大学先修课(MOOCAP)启动仪式在清华大学举行,MOOCAP理事会正式成立,MOOCAP课程全面启动。MOOCAP由全国40余所高水平大学和重点中学联合发起,集合了来自高等教育领域和基础教育领域的学科专家、资深教师,以及教育部在线教育研究中心等力量,实现了MOOC(大规模开放在线课程)和CAP(中国大学先修课程)的融合。MOOCAP理事会实行联合理事长制,由清华大学、复旦大学、南京大学、哈尔滨工业大学、西安交通大学、中国科学技术大学、中国人民大学等高校副校长轮值担任理事长。同时设常务理事单位和理事单位。其中,常务理事单位主要是19所国内著名大学招生部门负责人和部分著名中学组成;理事单位17所,主要是全国国内著名的高中学校组成。目前中国大学先修课程注册学校已近百所,其中大部分已开始正式授课。

四、教育行政部门主导的项目推进模式

2008年3月,北京市教委成立北京市青少年科技创新学院,启动了"翱翔计划"[①]。其特色在于这个计划采取"政府主导、学校实施、社会参与"的工作策略,打破了教育和科技,高中和大学,高中与高中之间的边界壁垒,致力于建立让学生"在科学家身边成长"的课程模式和培养机制,让学生走进高校、科研院所实验室获得科研过程的体验、科学精神的熏陶,有机整合了基础教育与高等教育,校外教育与校内教育的资源。几年来,上海市部分区县为了实现学校的特色多样化发展,通过与大学签订合作协议的方式推行区域内的高中与大学的合作。比如上海市杨浦区通过与区域内的上海财经大学、上海体育学院、同济大学合作,将区内部分高中通过大学附属的形式形成合作,比如上海财经大学附属中学前身为上海市建设中学;上海体育学院附属中学前身为双阳二中与平凉中学;同济大学第一附属中学前身为上海市鞍山中学等,这些合作关系均由区政府支持与推动

---

① 唐景莉.寻找创新人才培养对接点[N].中国教育报,2013-05-31(05).

而形成。

五、大学附中与国外高校的双赢合作模式

大学附中通过与国外高校合作,为学生进入国外高校深造提供针对性的培养。目前,我国已经有很多大学附中引进国际课程(AP,A-Level,IB等课程),部分高中将其课程管理与内容进行校本化改造,使之成为具有学校特色的课程。如西北师范大学附属中学开展的 NCUK-IFY 国际本科预科项目,该项目成立一个班级学习 IFY 预科课程,面向全省内高二参加完会考、高三在读或高中毕业的学生开设,通过 NCUK 英语入学测试的学生将在学校 NCUK 国际预科班学习一年,该班所有课程都结合中国学生的特点而设计,采用全英语教学、小班授课模式,课程均由外籍资深教育专家执教。通过在该班的学习,以应对国外不同的社会和文化的挑战,为理性出国留学作好充分准备。一年后完成 IFY 课程的学生无需雅思 IELTS 或者托福 TOEFL 考试,将直接升入英国 NCUK 成员大学本科阶段学习。中国人民大学附中等二十多所学校采取与美国高中合作办学的方式,进行中西课程的有机整合,注重将国际先进元素融入学校课程体系当中。此外,一些大学附中通过成立国际部的形式,更好地满足学生对国际优质课程的学习需要,实现学生成长的无痕化连接。又如中央美术学院附属中学,自 2011 年开始加强与国际高校开展合作,探索拔尖创新美术人才培养模式",开设精英实验班,学生可参加"美国高中交换生"项目,中学课程与大学课程互通,学分得到美国大学认可。

六、大学附中与大学资源互通的实践模式

这种实践模式主要体现在三个方面:物力资源、人力资源和文化资源。这种实践模式更多地是附中利用高校的相关资源进行人才培养实践。在物力资源互通方面,集中在附中利用合作高校的实验室、图书馆等硬件资源。例如,复旦附中、复旦二附中等组织实施小课堂搬进大学堂,这些学校的高中生可以到复旦大学基因工程实验室、生命科学实验室进行试验,开展研究性学习;同济大学向选修有关项目的同济一附中学生开放"环境科学与工程学学院中心"、"陶艺馆"、"王小慧摄影室";上海理工大学则对参加课题研究的上海理工附中的学生开放"机械学院研究生实验室"、"虚拟技术中心"等。在人力资源互通方面，几乎所有参与合作的高中都是充分利用与挖掘高校师资资源弥补自身的不足。如华师大二附中与上海交通大学、复旦大学、同济大学等15所高校及科研院所建立合作关系，共邀请140余名博士、副教授以上专家学者来学校授课；如华东理工附中与华东师大、上海交大、上海市环科院、上海市环境监测中心等建立合作关系，聘请青少年科技教育的教授、专家、研究者担任辅导员，定期到学校进行科普讲座，指导学生开展科技研究性专题活动。在文化资源互通方面，部分高中学校充分利用高校的文化特色打造属于附中的特色文化。比如，上海财大附中依托上海财经大学财经专长，开设金融课程，普及金融知识，激发学生对于金融的兴趣，创建培养高中生金融素养的特色学校；上海理工附中依托上海理工大学的理工特点，确立了"厚德尚理"的办学理念等。

应该说以上模式在实践探索中已经取得了一定的成效，为实现大学附中与大学教育的合作提供了有益参照。但我们也注意到一些合作的方式，缺少相应的系统规划与保障机制，出现很多措施不能规范化、常态化发展，因此深入考察其中存在的问题，是更好地建立大学附中与大学的运行机制与保障机制，促进普通高中创新人才培养所必需的要求。

第四节 大学附中与大学合作存在的主要问题

在第二节与第三节中，我们通过调查研究，总结归纳了大学附中自身培养创新人才以及与大学合作上的一些做法与取得的成绩。同时，我们也发现了不少问题。大学附中与大学之间合作的宽度与深度存在较大差异。部分大学附中着力于思考和探索依托大学办出学校特色，亦有相当部分的附中仅停留在浅层次合作上，或者以"挂牌"提升学校知名度。这些问题，大体可归纳为如下几点。

一、合作的同质化问题突出

以上海市为例，研究者从上海市教委官网和上海地区的大学官网搜集附属学校的数据，统计如表3-1所示：

表 3-1 上海市部分大学附属学校统计表

高校名称	附属学校数量	附属学校名称
复旦大学	4	复旦大学附属中学、复旦大学附属第二中学、复旦实验学校、上海市复旦中学
上海交通大学	4	上海交通大学附属中学、上海交通大学附属第二中学、上海交通大学附属实验中学、上海交通大学南洋中学
同济大学	5	同济大学附属第一中学、同济大学附属第二中学、同济大学附属七一中学、同济大学附属实验学校、同济大学附属存志学校
华东师范大学	11	华东师范大学第一附属中学、华东师范大学第二附属中学、华东师范大学第三附属中学、华东师范大学第四附属中学、华东师范大学附属外国语实验学校、华东师范大学附属杨行中学、华东师范大学宝山实验学校、华东师范大学附属双语学校、华东师范大学松江实验中学、华东师范大学张江实验中学、华东师范大学松江实验高级中学
上海师范大学	7	上海师范大学附属中学、上海师范大学附属中学第二中学、上海师范大学附属中学第三中学、上海师范大学附属第四中学、上海师范大学实验学校、上海师范大学附属经纬实验学校、上海师范大学附属罗店中学
上海外国语大学	11	上海外国语大学附属大境中学、上海外国语大学附属外国语学校、上海外国语大学附属双语学校、上海外国语大学附属浦东外国语学校、上海外国语大学松江外国语学校、上海外国语大学静安外国语中学、上海外国语大学附属外国语学校东校、上海外国语大学第一实验学校、上海外国语大学西外外国语学校、上海外国语大学嘉定外国语实验高级中学、上海外国语大学民办沪东外国语学校
上海大学	3	上海大学附属中学、上海大学附属学校、上海大学附属外国语中学
上海财经大学	2	上海财经大学附属中学、上海财经大学附属北郊高中
华东理工大学	1	华东理工大学附属中学
上海体育学院	1	上海体育学院附属中学
华东政法大学	1	华东政法大学附属中学
上海海洋大学	1	上海海洋大学附属大团高级中学
上海音乐学院	1	上海音乐学院附属中学
上海戏剧学院	1	上海戏剧学院附属中学
上海理工大学	1	上海理工大学附属中学

该表反映出两个现象：

第一，被国内公认的一些985工程、211工程高校的附属中学较多，而一般普通高等院校附属学校的数量比较少。

第二，师范类、外国语类大学的附属中学数量偏多，这可能与师范大学作为专门从事教育研究的定位和目前上海国际化的发展趋势有关。国际化发展趋势对于外语的要求较高，所以，外国语大学的附属中学比较多。而产生这两种现象的主要原因需要从大学附中的"由来"进行探讨。

我国部分大学附中是由历史继承原因逐步形成建立起来的合作关系，这种合作关系相对而言比较深入；另外一部分大学附属中学是名副其实的"翻牌"附中，不存在隶属关系，没有历史渊源，相当一部分是在政府的推动下，这种合作同质化就相当明显。主要表现为大学附中与大学在合作机制上的同质化，合作过程中不能体现各自的教育特殊性。比如在大学附中与大学合作过程中，大部分高中所结合的高校多是名校，如复旦附中与复旦大学结合、交大附中与上海交大结合、苏州中学与南京大学结合。在上海教育部门调查发现，上海50多所实验性示范高中，几乎都把复旦、交大、同济作为"攀亲"首选。[1] 这种高中与名牌大学结合的模式，造成普通高中创新人才联合培养模式出现趋同化，这是一种模仿性同形。"模仿性同形是在组织目标不清晰、组织技术不成熟或者会出现符号象征方面的不确定时，组织模仿其他在这些方面成熟的组织做法以避免损失的现象。"[2]

普通高中人才培养模式千校一面的同质化格局，很大程度上是不利于创新人才的培养的，一味追求高中攀亲名牌大学，极易造成培养模式的同质化。高中和名牌大学联合培养高中创新人才并不适合所有高中，这受到不同类型学校师资、资源等多种条件的制约，不应该成为各地追捧的时尚，更不应该成为竞相效仿的工程。

二、合作的功利化倾向易见

笔者访谈调查发现，不少中学校长私下表示："只有与名牌高校牵手，才能体

---

[1] 苏军."创新实验班"有点走样了[EB/OL].(2010-05-14)[2016-03-27].http://news.sina.com.cn/o/2010-05-14/075017510119s.shtml.
[2] 刘献君,张晓冬."少年班"与"精英学院"绩效诉求抑或制度合法化[J].现代大学教育,2011,(5).

现自己高中的'应有地位'。其中有一位校长声称：搞'创新实验班'，如果别人都选名校合作，你却不这么做，就会被边缘化。"这种功利化的示范效应，无疑会造成高校资源利用的过度与不足。一些著名高校同时与多所高中联合培养人才，势必在师资、资源上利用过度，与此同时，一些拥有良好师资和设备的非名牌大学资源却缺乏利用。

  研究者曾在2011年4月8日与一位资深大学附中的校长有过一次长谈。这位校长认为："学校现在不得不采取这种功利性的方法，对接大学的强势专业。一方面给学生的印象是若要想考这个大学专业，学校可以提供良好的条件，增强了高中学校对于初中生的吸引力；另一方面，大学投入大量人力资源，得到附中学生的青睐，从升学角度看，大部分学生当然会报考相关的大学。一旦我们不以进入母体的大学为主要目标，那么必然不可能得到大学的倾力支持，也不可能得到学生与家长的支持。"[①]大学与附中在合作的功利性，最直接的体现是大学希望以最便捷有效的方式垄断优质生源，而附中则希望通过与大学的合作切实提升办学质量，迅速而有效地实现高考指标的达成，让学校的高考及升学率的数据有更大的提升。上述这位校长的话至少表达出三个利益主体。大学希望好生源；学生家长希望上好大学；高中学校希望赢得社会声誉找到优质高中生，提升社会影响力。这虽然无可非议，但是大学与大学附中作为办学主体，他们的这种过度追求，势必会强化社会的功利化倾向。

三、合作的空泛化特点明显

所谓两者合作的空泛化特点，主要体现为如下三个方面：

1. 合作目标模糊

有校长曾经感慨：

  我们学校与上海的几所高水平大学有合作关系，目前为止，实质性开展合作的项目是每周五下午有高校的专家学者来校开展专题讲座。实际上我们希

[①] 2011年4月8日，教育部中学校长培训中心第41期校长培训班来上海交大附中交流，期间研究者与杭州Z大学附中校长对话交流，整理而得。

望除了开设讲座外,高校还可以帮助我们培训老师,并能为学生的课题研究提供针对性的课题辅导。对我们学校而言,确实希望通过与高校合作,采取多种形式和多种途径为人才的成长奠基,同时也为老师的发展搭建优质的平台。可是我们感觉,高校似乎对此并不起劲。①

从该校长的话语中可以看出,他希望这种合作关系能够全方位地开展,实现人才成长和学校发展的统一。但站在教育体系"高位"的高校似乎并没有意识到这个问题,往往忽视了中学的诉求。以至于研究者在一次与知名教育专家的对话中,该专家提出更为尖锐的问题:"大学的教育教学方式一定是好的吗?!"而后,该专家指出高校人才培养中存在的一系列问题作为佐证。撇开一切情感因素和各自的利益关系客观而言,大学与附中开展合作最终目的是构建一种更好的机制以实现人才成长的持续性。因此,作为教育系统的两个学段,都要承担起各自的责任与义务。不是谁比谁高,谁比谁更优,二者在本质上即促进人的发展上是一致的。作为"上位"的高校和"下位"的高中都应该围绕核心问题,整合好各项资源,服从服务于人才成长之需要,没有这种共同的行动目标,就不可能有真正的合作。

2. 合作领域狭窄

从根本上说,我国大学与附中之间的合作仍然是一种非本质意义上的合作。本质意义上的合作关系必须具备的基本要素之一就是大学与附中应该有共同的目标,即提高学校教育质量、促进学校变革与发展,最终实现人才培养的连续性。但我国大学与中学合作要么漫无目标,要么合作的领域极其狭窄。一位大学附中的校长在访谈中说到:

上师大附中就像亲孩子,而且上师大有很多附属学校,所以也照顾不来,何况我们离得很远。2007年我们曾经与上师大签署了一些书面协议,但是现在估计也找不到。上师大基础教育集团,高中比较少。集团内的互动我也不清楚,但是这些年学校已经先后经历三任校长,前两位校长可能比较知道情况。

---

① 2015年4月21日,根据研究者在北京参加教育部"卓越校长领航工程"启动仪式中,与江苏某知名高中校长的交流整理。

我们可能也就是活动共享,研讨会(上师大牵头的,我们学校的课程展示活动,邀请其他学校来参与)之类的,除此之外,其他的活动也不太有可能吧。①

还有另外一位大学附中的校长在访谈中回答"学校和大学之前有明确的办学机制和合作模式吗?"一问时,他是这样描述的:

> 目前,并没有太明确的合作机制和合作模式来办学。我们有互相交流合作的意向,如果有什么资源需要共享的都可以,包括夏令营活动也是借助上海大学,但并没有条令规定要做什么事。上海大学对中学的教学以及具体需要什么并不了解,只有我们自己提出来之后才会协商、解决。

这两位大学附中校长的描述反映出大学与大学附中合作的目标并不明晰。就目前的情况看,大学附中与大学合作的领域还是非常狭窄的。合作主要载体还是课程建设和资源的利用。德育合作、管理机制的合作、评价机制的建立等没有在以往研究中得到体现。虽然,大学附中与大学合作在课程建设和资源利用方面有突出的成效,但是附中对大学资源利用有效性、大学参与附中民主管理的主动性、大学特色优势转化为附中特色的实效性方面都存在一定的问题,有很大的研究空间。再者,目前大学附中和大学的课程衔接,更多地是单一的、知识讲授下的大学课程在中学阶段的延伸,而没有把课程视为学科知识和学科方法统筹起来,为学生搭建一个有规划、有目标的课程平台。

3. 合作定位不清

著名教育专家吴康宁曾经撰文指出,目前"大学与中小学的合作可分为三种不同的基本类型,即利益联合型、智慧补合型、文化融合型。它们在合作动机、地位认知、身份界定、角色关系、关注重心、行动过程、力量投入、自身体验及评价内容等方面存在重要区别"②。这三种类型的合作关系,均涉及双方主体的定位及其关系问

---

① 华东师范大学硕士生朱润蕾访谈上师大附属罗店中学校长的部分内容。
② 吴康宁. 从利益联合到文化融合:走向大学与中小学的深度合作[J]. 南京师大学报(社会科学版),2010,(3).

题。主体关系定位,在华东师大崔允漷教授看来①,主要是三个角度——附中发起、大学发起和联合发起。不同的主体定位带来的合作关系是不同的。附中发起的合作方式,一般是因自身发展或某种问题解决的需要,主动寻求大学的支持和帮助,大学愿意作出回应。而这种关系所形成的合作关系在大学看来,主要定位为"指导"、"帮助"的性质,随之而来的是大学以高位姿态看待合作问题;而大学作为发起者,一般希望主动在中小学中寻找合作伙伴,在伙伴关系的建立中采取了更为积极的姿态。这种关系在中学看来,可能是大学希望在附中开展相关的"实验",导致的结果是附中只能起"协作"的作用。这两种发起主体方式都是单向度的,因此或多或少会出现一方积极一方消极的现状;比较合理的是二者基于一项共同的任务而共同发起,双方都具备积极性,利于深度合作的开展。然而研究者发现在大学附中与大学合作方面,一直存在的问题是双方的职责、权利与义务没有明确规定的实际情况。

至此,我们对大学附中培养创新人才的基本做法以及大学附中与大学合作的基本现状有了较为全面的了解,也就是说对创新人才培养的"双轮驱动"的"双轮"有了基本的把握。大学附中与大学的合作的同质化,导致创新人才培养模式的单一;合作的功利化,导致在课程资源上相互融合开发不到位;以及课程选择性不够、实施方式单一,也导致了在考试评价招生上人才选拔与输出路径狭窄,应试倾向明显等问题;同时合作的空泛化使得大学与大学附中在专业师资共享上,没有制度机制保障、可持续发展动力不足等问题。本研究提出从大学附中与大学深度合作的视角来研究创新人才培养的问题,其根本就是试图从大学附中与大学合作上的突破,通过破解或者消缓上述由于大学附中与大学合作存在的同质化、功利化、空泛化等问题,来更好地提升大学附中培养创新人才的质量。

发现问题之后,需要解决问题。接下去,本书将分别从促进大学附中与大学合作的理论基础、借鉴发达国家以及一所学校的典型经验,从深度合作的视角分三个章节的论述来寻求对策。

---

① 王少非,崔允漷.大学—中小学伙伴关系:一种分析框架[J].全球教育展望,2005,(3).

第四章　大学附中与大学合作培养创新人才的理论分析

创新人才能否通过学校来培养？校与校之间能否合作？附中与大学深度合作培养创新人才能否真正得到实现？对上述三个问题上前人做过哪些研究？已经取得了何种成果？这是本章分析的重点，下面我们将分三部分分别对这些问题进行理论考察。

第一节　关于创新人才培养的理论分析

关于创造力的培养目前已经成为一门显科学，受到众多教育学家、心理学家的关注。由于本文主要研究大学及其附中合作培养高中生的创造能力，所以本节只对与其最紧密相关的斯滕伯格关于创造力投资理论进行探讨。

美国当代著名的心理学家斯滕伯格关于创造力的研究在内涵与研究方法上有突破——是对以往神秘学主义、心理分析方法、实用主义方法、心理测量方法、认知心理方法与社会人格方法方面的创造力研究的继承与批判，斯滕伯格认为单一学科的方法只看到了创造力研究的某个侧面，真正理解创造力必须通过多学科的方法，据此斯滕伯格提出第七条研究途径——汇合理论，即将创造力置于具体的社会情境中与个体认知心理因素共同考量而形成的"创造力投资理论"。[①] 他的这一理论对教育与人的发展具有广泛借鉴意义，并因此备受赞誉。

斯滕伯格认为，创造性人物是那些愿意并且能够把专业想法"低买高卖"的人，

---

① （美）斯滕伯格.智慧智力创造力[M].王利群，译.北京：北京理工大学出版社，2007：120—132.

"低买"即寻求一种人们尚不知道的或者人们尚不感兴趣的想法,但这些想法却蕴藏着巨大的潜力。……根据投资理论,创造力需要将六种特征分明但是彼此相互关联的资源汇集起来,这六种资源就是:智力能力、知识、思维风格、个性、动机与环境。智力能力方面有三种能力成分特别重要:(1)以新的角度看问题、跳出传统思维约束的综合能力;(2)辨认那个想法值得或不值得追求的能力;(3)实用——情景能力即指导如何去展示自己的想法。关于知识,一方面需要充分了解一个领域才能前进,但另一方面有关一个领域的知识可能导致一种封闭而根深蒂固的观念,从而使一个人不能超越他过去看待问题的方式。……思维风格,或称立法风格就是以自己选择的新的方法思考的偏好,伟大的创造性思考者有能力兼顾局部与整体。……人格方面包括自我效能感与克服障碍的愿望、进行明智的冒险和对模糊性的忍耐、用于对抗世俗和承受压力。……同时由内部动机和专注于工作的动机,以及一个人需要的支持性并能奖励创造性想法的环境。关于各种成分的汇合,创造力被认为不只是一个人各方面潜力水平的简单相加之和——对于一些成分来说存在阈值,在此阈值水平之下不可能产生任何水平的创造力;在某一方面很强可能对另一方面较弱具有部分补偿作用;成分之间交互作用的发生。因此一个高水平创造力具有者必须达到多个成分的整合。①

  斯滕伯格所倡导的"创造力投资理论"对于教育与人的发展最大的贡献在于:首先揭示了创造力是一种可以通过后天的教育与环境培养获得发展相关成分的能力;其次创造力相关要素的培养需要在特定的教育环境中进行;再次培养创造力的特殊环境是依据创造力的内涵要素特点的发展需求人为设计的学校教育环境。一般而言,在学校教育环境中,课程、教学、德育、管理等方面的活动共同致力于创新人才的发展。课程有助于发展个体创造力中的智力、知识、认知风格与动机,如前沿的课程内容、生动的课程组织方式、开放的课程体系带给学生丰富的专业知识储备、灵性的认知模式与批判活力的认知思维;创造性人才培养的教学同样有助于发展个体创造力中的智力、知识、认知风格与动机,如对学生强烈求知欲的刺激,广博的基础性知识与素养的获得,逻辑、开放、批判、创新型思维方式的形成等;德育有助于发展个体创造力中的人格特征为核心的认知风格、知识、动机,如科学发展历

---

① (美)斯滕伯格.创造力手册[M].施建农,译.北京:北京理工大学出版社,2005:3—14.

史上的名人故事、经典实例对于科学精神的树立、献身科学的理想的树立、探索与创造性理念的树立,以及与他人合作并积极对待外界批评建议与压力等都具有非凡意义;管理则作为一种重要要素有助于实现创造力教育培养的整合。因此本研究将斯滕伯格的创造力投资理论作为进行综合的自我检查与系统化改革的理论基础。

第二节 大学附中与大学合作的理论分析

为了能够更好地促进大学附中与大学的深度合作,我们需要寻求理论的支持。在寻求这种支持的过程中,作者受习近平总书记"人类命运共同体"理念的启发,借鉴"利益共同体、责任共同体以及命运共同体"的思维框架,从利益相关者理论、合作共同体理论和主体间性理论三方面进行了研究,为促进大学附中与大学在创新人才的培养寻求理论支持。在探讨面向创新人才培养,大学附中与大学的合作机制上,涉及的利益相关者理论、共同体理论和主体间性理论三者共同发挥作用,很好地诠释了附中同大学的利益、价值与主体间的关系。其中,在附中和大学的校际关系上,从显性角度看,附中和大学二者在人才培养的大目标下是以共同体出现的,有着共同的利益关系;二者的共同性又体现为主体间性存在:各自互为独立的主体,相互之间有着依附关系,同时,也有张力;从隐性角度看,二者的关系即以利益相关者存在。同时,二者的相互关系发展过程中,主体外围的相关影响因素,包括政府、家长和其他利益相关者无时不在发挥着各自的作用,这种作用的发挥同样也是一种利益关系的契合,构成了附中与大学关系中不可或缺的影响因子。再有,在学校内部,在推动学校发展的目标达成过程中,教师、学生和学校各级管理者之间同样存在着利益相关者关系,同样是一个共同体内部不同主体间的关系,合作与张力并存。各种利益关系交织在一起,寻求着利益的最大化——学生成长与学校发展的最大可能(见图 4-1)。

一、利益相关者理论及其理解

利益相关者理论最早产生于企业管理领域,作为公司治理理论的后起之秀,利益相关者理论与股东至上理论有明显的区别。弗里曼在 20 世纪 80 年代就提出利

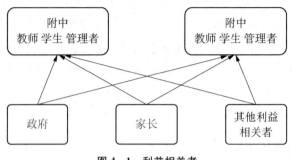

图 4-1 利益相关者

益相关者有代表性的两种定义①,广义定义为:"任何可以确认的、能够影响公司目标实现或者被公司目标实现所影响的群体或个人如公众利益集团、政府机构、同业工会、竞争者、工会,以及雇员、顾客、股东等。"狭义定义为②:"任何可以确认的、组织持续生存所依赖的群体或个人如雇员、顾客、供应商、关键政府机构、股东、一定的金融机构等。"弗里曼并指出,从战略角度上,应该考虑更广的定义,而从经营者来看,宜考虑较窄的定义。③

克拉克森(Clarkson)根据与企业利害关系的紧密程度,将利益相关者划分为首要的利益相关者(Primary Stakeholders)和次要的利益相关者(Secondary Stakeholders)。前者是指这样一些个人和群体,倘若没有他们连续性的参与,公司就不可能持续生存,包括股东、投资者、雇员、顾客、供应商等;后者是指这样一些个人和群体,他们间接地影响企业的运作或者受到企业运作的间接影响,但他们并不与企业开展交易,对企业的生存也不起根本性的作用,比如环境主义者、媒体、学者和众多的特定利益集团④。

美国学者米切尔和伍德(Mitchell & Wood)从合法性、权力性和紧急性三个属性对企业可能的利益相关者进行量化,确定条件,分出等级,分为三类:(1)确定型利益相关者(或称权威、最重要、核心或第一层次等),同时拥有对企业问题的合法

---

① 陈宏辉. 企业的利益相关者理论与实证研究[D]. 浙江大学,2003:57.
② 李苹莉. 经营者业绩评价——利益相关者模式[M]. 杭州:浙江人民出版社,2001:57.
③ 同上.
④ Clarkson, M. A Stakeholder Framework for Analyzing and Evaluating Corporate Social Performance [J]. Academy of Management Review, 1995,20(1):92-117.

性、权力性和紧急性三个特征。典型的确定型利益相关者包括股东、雇员和顾客；(2)预期型利益相关者(或称为重要、第二层次等)，拥有上述三项属性中的两项；(3)潜在型利益相关者(或称为边缘、蛰伏型)，只拥有三项特性中一项的群体[①]。据此，弗里曼认为，在理论层面，利益相关者的概念和分类需要明确。对第二个层次来说，是从公司远景和目标出发分析利益相关者环境，形成满足其需要和关注的战略。第三个层次是从更宽广的利益相关者角度关注公众政府，理解特定政策的实施对公司与利益相关者关系的影响。作为一种分析框架，其分析工具采用利益相关者矩阵。[②]

不同的学者给出的定义表述有不同，但是本质一致，其中很重要的一点就是都认为顾客是重要的利益相关者，脱离了顾客这个中心，企业的发展就会是无源之水无本之木。顾客于企业而言，是相对的主体关系，以一种理性主体存在，同企业结成完全契约关系。顾客和企业之间的利益相关者关系表现为货币和物品之间的固定交换关系。顾客可以通过市场选择符合自己利益需要的公司，双方的权利和义务都可以在事先做出明确的规定，其中一方发生违约行为时，也可以通过法律做出合理的裁决。[③]

利益相关者理论的本质可以解释为，学生在学校中接受教育这一利益共同体中的双方关系：学生同学校互为利益共同体中的主体，成为利益相关者。而学校同学校之间的关系在共同目标下的合作同样适用。因此，利益相关者理论可以解释大学附中同大学合作以及大学附中在合作中的教育教学。

将利益相关者理论引入附中与大学之间关系的探讨，在国内教育研究领域应该算是初涉。为保证理论与实践的全面融合，有必要就利益相关者理论进行解读，从而，开辟大学附中同大学合作，强化特色办学的新模式，也由此改变中学特色办学研究缺乏坚实理论依据和支撑的现状，使研究具有更强的理论意义；同时，从实

[①] Mitchell, A. & Wood, D. Toward a Theory of Stakeholder Identification and Salience：Defining the Principle of Who and What Really Counts[J]. Academy of Management Review, 1997,22(4)：853 - 886.

[②] R. Edward Freeman, David L. Reed. Stockholders and Stakeholders：A New Perspective on Corporate Governance[J]. California Management Review, Spring, 1993.

[③] 李苹莉. 经营者业绩评价——利益相关者模式[M]. 杭州：浙江人民出版社,2001：65.

践角度,对中学和大学这一合作双方的利益最大化的可能进行深入探讨。将利益相关者理论应用于教育研究领域是可行性的,强调了面向教育发展,构建学校与社会各界合作关系的可能。

二、共同体理论及其理解

1887年,德国社会学家滕尼斯(Tonnies. F)发表了《共同体与社会》(*Gemeinschaft and Gesellschaft*),提出了共同体的概念。Gemeinschaft在德文中的原意是共同生活,滕尼斯用它来表示建立在自然情感一致基础上紧密联系、排他的社会联系或共同生活方式,这种社会联系或共同生活方式产生关系亲密、守望相助、富有人情味的生活共同体[1]。鲍曼(Bauman)指出共同体本质上传递出一种安全、愉悦和令人神往的满足感,意味着怀念一种传统的稳定生活,或者渴望重新拥有一个团结和谐的世界[2]。"共同体"被社会学家赋予了"为了特定目的而聚合在一起生活的群体、组织或团队"的含义。[3]

共同体在学校层面的分化主要包括学习共同体和实践共同体两类。"学习共同体与其说是学习者群体,毋宁说是一个系统的学习环境,一种多元、民主、平等而安全的开放式学习环境。"[4]实践共同体则指的是这样一个人群,所有成员拥有一个共同的关注点,共同致力解决一组问题,或者为了一个主题共同投入热情,他们在这一共同追求的领域中通过持续不断的相互作用而发展自己的知识和专长。不难看出,共同体在学校教育层面的理解是宽泛的,并没有囿于学校管理内部,而是给出了一个学校为共同体,或者大学校、多学校为共同体的可能。

"学校即社会"、"教育即生活"这是杜威的观点,现在为教育界所熟知并推崇,其负载的同样是一个学校共同体的理解:"人们因为有共同的东西而生活在一个共同体内,而沟通乃是他们达到占有共同的东西的方法。"[5]学校就是一个社会组织,

---

[1] 赵健. 学习共同体[M]. 上海:华东师范大学教育科学学院,2005:24—25.
[2] 齐格蒙特·鲍曼. 共同体[M]. 南京:江苏人民出版社,2003:2.
[3] Poplin D. E. Communities: A Survey of Theories and Methods of Research [M]. New York: Macmillan, 1979: 44—46.
[4] 郑葳,李芒. 学习共同体及其生成[J]. 全球教育展望,2007,(4):57—62.
[5] (美)约翰·杜威. 民主主义与教育[M]. 北京:人民教育出版社,2001:9.

学校内的教育、学习本质上就是一种人与人交往互动的社会活动。这种社会活动是基于学习共同体和实践共同体基础开展的,是以学生、教师、管理者和学校外围的政府、家长以及其他利益主体共同构成的利益共同体。

大学附中同大学之间的学校共同体以面向学生成长的教育教学为基础,通过学生主体、教师主体和学校主体间的合作、学习,共同提升为目的结成共同体。这种合作的本质是以培养人才为出发点和落脚点,激发学生的学习兴趣,培养学生的思维能力与核心素养,同时,教师和学校围绕这一核心工作而进行不同层面的自我提升,是学校共同体体现在大学附中和大学之间的"大学校"观和学校内部的"小学校"观的合作与发展。在共同的目标和实践追求中,学校间、学生和教师、教师和教师、教师和管理者等等主体间形成了相互依赖的系统,每个主体都能在系统中获得应有的身份,形成具有共同愿景,相互理解、责任共担、利益共享的"有机团结"。

三、主体间性理论及其理解

主体间性,顾名思义,走出了主客二元形态,强调主体间的独立与合作的关系属性。主体间性理论最大的贡献在于对于主体价值的承认和主体间的共生。依从主体间性理论,本我的价值在于他我的存在,"我"因"他"为"我",不再是我为主他为客之间简单的从属关系,走出了笛卡尔的"我思故我在",成为"我在因他在"的更高层次的理念共生关系。因此,主体间性理论的一个基础就是共同体的存在,在这个共同体中,"我"的相对存在,"我"的价值的体现在于共同体的他者。也因此,"我"走出了自然性,拥有了社会性。在社会性共同体中"我"与"他"平等存在,价值共生、转化或者消亡。主体间性不是主体性的反面,是一种基于社会共同体的进步。"主体间性不是主体和主体之间的在人之外的某种性质,它实际上是主体性在人与人之间关系中的一种表现,在本质上仍然是一种主体性。"[①]

主体间性学校关系的建构是在学校共同体下的自然存在,当然,在一所学校内部,主体间性的关系细化为学生、教师、管理者等等主体间的关系,同样是一种自然存在。这样的理解就能有效打破传统理解上壁垒。教师中心论、学生中心论都不

---

① 冯建军,尚致远.走向类主体——当代社会人的转型与教育变革[J].教育研究,2005,(1):23.

成为学校的教育教学的依从者,而是站在不同的主体地位的偏执。大学附中和大学之间的关系亦然。主体独立发现学生的创造性价值、教师的责任、学校的发展。学校间、学校内主体关系都是相互依赖的共生性存在。主体间性理论在大学附中和大学关系上的应用,为理解学校主体关系提供了一个新的视角,相互理解、包容和认同成为学校共同体的合作方式,为共同体内各主体的自然发展提供有力的支撑,达成主体的利益追求。

第三节 关于创新人才培养的深度合作理论

一、深度合作的理论

前文,我们讨论了"深度合作"的理论基础,更多的是从合作的角度上来讨论的。作为交大附中一项旨在从合作的角度探索创新人才的培养模式的创新,还需要从创新人才的培养以及整个探索过程中寻求理论依据。为此,我们在合作上,提出了"利益相关者理论、主体间性理论、共同体理论",在交大附中培养创新人才的实践过程中,我们在创新人才的培养上,主要依据"创造力投资理论",在具体的过程中,主要依据"反思性实践性理论",从而相对较为完整地构建了交大附中在培养创新人才模式上的理论框架。

二、反思性实践理论及其借鉴

在第一章节"研究思路"中就说到,本研究是一项行动研究,"本研究在技术路线上类似于唐纳德·舍恩与克里斯·阿吉里斯所倡导的组织学习理论中的反思性实践理论"。唐纳德·舍恩(Donald Schon)是美国当代教育家、哲学家,他的反思实践和反思实践者的思想对美国"反思性教学"运动产生了深远的影响。舍恩认为在行动中进行反思可以使从业者从实践者变成研究者,并从固定的理论和技巧中解脱出来,构建一种新的适用特定情境的理论。舍恩主张以"活动中的反思"为原理的"反思性实践"去替代以技术理性为原理的"技术性实践"。20世纪80年代中期舍恩与克里斯·阿吉里斯(Chris Argyris)合作提出了行动理论——因为人们总是在设计自己的行动,在任何相互作用中,无论是作为一个领导者、追随者还是观察者,人们的头脑中都会形成如何有效行动的计划。……他们把人们的这些计划称作为行动理论。……实际上,这些行动理论就是如何有效行动的因果理论。因果推理是人们在日常生活中非常普遍和非常重要的一种推理方法,人们会预测估计自己的行动所达成的结果及其意义,并依此来理解外在环境,而这些又会回过头来引导他们的行动。当上述行动发生时,人们一边检视自己行动的有效性,一边同时检视自己对环境的理解是否恰当。……由于人们不可能在每种情况下都重新设计他们的行动,那么,个人必须掌握一种能在任何情况都有效的行动理论。[①] 他们认为,人们的行动理论存在两种:第一种是名义理论(espoused theory),即人们宣称自己的行为所遵循的支撑理论,这种理论通常以一种固定的信仰和价值观的形式表现出来的,甚至自己也信以为然的理论;第二种是应用理论(theory-in-use),即人们实际运用的行动理论,这种行动理论,只有通过观察人们的实际行动才能够推断出来。……虽然人们的名义理论是千差万别的,但大多数被研究者却具有相同的应用理论。反思性实践就是"为了帮助我们明确、检查和改变影响行为所使用的理论,从而经历一个由外到内的组织整体变革的过程"。[②]

大学附中与大学深度合作培养创新人才的问题,是一个特定情境下的实践问题。从反思性实践的观点来看,大学附中与大学合作培养人才的教育实践,由其名义上所要遵循的理论即个体发展角度的教育系统性理论——从个体发展的整个历程来看,个体的教育发展是一个整体性的系统,学校教育应该确保系统的整体性、连续性与一致性,然而这个所谓的系统性理论所强调的是不同教育阶段之间的外在的连续性,并不能带来学校教育价值内涵在本质上的改变;因此需要在实践中反思并厘清能够促使大学附中与大学的合作对于人才培养的根本性的改变的实践所使用的理论,经过对教育与社会环境的整体考察和大学附中与大学的学校教育运作状况与整体需求的调查,将大学附中与大学深度合作培养创新人才的实践理论确定为斯滕伯格"创造力投资理论"指导下的创新人才培养实践探索,因为在此基础上大学附中与大学的学校教育能够真正达成共识,实现可能性的深度合作,其实践活动也能够在反思的基础上取得切实的效果。

---

① (美)克里斯·阿吉里斯,唐纳德·舍恩. 组织学习 2:理论、方法与实践[M]. 姜文波,译. 北京:人民大学出版社,2011:235—256.
② (美)奥斯特曼,科特坎普. 教育者的反思实践——通过专业发展促进学生学习[M]. 郑丹丹,译. 北京:中国轻工业出版社,2010:13.

三、深度合作实践的理论架构

在大学附中与大学深度合作培养创新人才的研究中,研究者已经从合作、创造力以及实践过程的反思性三方面进行了理论探析,在此基础上形成了图4-2所示的理论基础图。

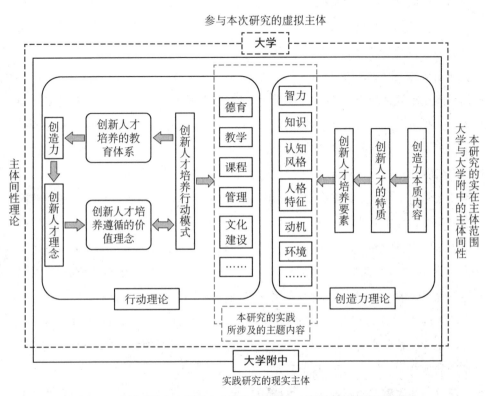

图4-2 大学附中与大学深度合作培养创新人才研究实践的理论基础图

说明:整个理论基础涉及主体层面、实践过程逻辑层面、行动价值层面;同时主体层面的大学作为虚拟主体存在于研究过程中,实践过程逻辑层面的教育系统性与人的发展的整体性作为大学附中与大学深度合作培养创新人才研究的行动所遵循的名义上的理论存在;实践过程中,学校教育行动要素(课程、教学、德育、管理等)与创造力发展要素(智力、知识、认知风格、动机、人格特征、环境要素)的关系是多对多的向量关系而非直接一一对应的函数关系。

第五章　大学与中学合作的美国经验

在系统地分析了我国大学附属中学的历史和现状基础上,我们找到了一定的理论支撑。同时,我们也有必要站在国际比较的视角,研究其他国家大学附属中学的发展状况。大学附属中学并非中国所独有,在当前各国都在进行教育改革、提升教育质量的大背景下,大学附属中学的发展也是格外引人注目。以美国为例,进入新世纪以来,随着小布什总统《不让一个孩子掉队》法案的颁布,创建大学附属中学成为学校改进的一个重要手段,一批新成立的大学附属中学很快发展成为当地的名校。而一些老牌的大学附属中学仍旧以教育改革先行者的姿态,影响着教育的发展。美国的情况与我们国家当前的情况有一定的相似性,本节将重点分析美国大学附属中学的相关问题,以期为后续的建议与对策寻求他山之石。

第一节　美国大学附属中学的发展概况与特点分析

为了能更全面地了解美国大学的附属中学,通过美国中学校长推荐、对美国教育相关文献的阅读以及网络的搜索,系统地收集了50所美国大学附属中学的数据。笔者认为美国大学附属中学主要呈现以下特征。

一、大学创办大学附中的动因多样而复杂

美国大学附属中学蓬勃发展的背后,有着复杂多元的动因。作为大学附属中学,其创办的首要原因还是为了满足大学教职工子女的就学需求。尤其是在一些大城市,即便是一些著名大学的教师,其子女要就读公立的名校也会十分困难。这一点在纽约市体现得特别明显。为此，哥伦比亚大学于2003年成立了哥伦比亚大学附属学校(The School at Columbia University)，其首要目的是服务于大学的人才引进和人才稳定计划，为大学的教职工子女提供高质量的教育，以此来增强大学对优秀人才的吸引力。

美国大学附属中学创办的第二个原因是地方教育局主动牵线搭桥，通过创建大学附属中学聚焦特色办学，为创新人才培养提供更好的环境。纽约市教育局设置的9所特殊高中(Specialized High School)，旨在为精英人才培养奠定基础。这些学校办学特色鲜明，成绩突出，在全美享有很高的声誉，几乎在任何一个全美公立高中排名榜中都可以位列前100名。在这9所特殊高中当中，有3所是大学附属中学，它们都是在2002年创建，这三所高中分别是利文学院美国研究高中(High School of American Studies at Lehman College)、纽约城市学院数学、科学和工程高中(High School for Mathematics, Science and Engineering at City College)、约克学院皇后区科学高中(Queens High School for Sciences at York College)。

美国大学附属中学创建的第三个原因是开展教育实验，践行教育理想。很多大学附属中学的校名都采用的是实验学校。通过与大学教育学院的深度合作，创建大学附属中学。一方面能为大学教师从事教育科研提供便利，另一方面在大学教师的支撑下提升学校的教育质量。例如，休斯敦大学特许学校(University of Houston Charter School)是一所以建构主义理论为指导的实验学校，旨在提供以学生为中心的课程，促进学生的智力发展、技术应用和领导力的培养。学生所获得的知识将伴随着他们进入更高一级的学校，给他们带来特有的优势。休斯敦大学特许学校在陈述自身发展目标时特意强调，学校将为休斯敦大学的教师和研究生创设平台，学校提供研究所需要的测试、教学的机会。

二、部分传统的大学附中自身转型

近年来美国大学附属中学在快速发展的同时，过去一些传统大学附属中学也遇到了发展上的困难，甚至不得不从大学附属划归地方所有。这一现象的主要原因是经费不足。二战之后到20世纪六七十年代是美国高等教育发展的黄金时期，一系列法案的颁布体现了联邦政府对高等教育的重视。但是进入80年代之后，随着美国经济增长的下滑，州政府对大学拨款的减少，公立大学的发展遇到了很大的挑战。大学内部组织结构的重组成为了大学渡过难关的重要举措，一些排名相对落后的非强势学科面临着重组，甚至关停的境地。通常而言，现代大学具有人才培养、科学研究和服务社会三大职能。举办大学附属中学属于社会服务，并非大学的核心使命。因此，一些公立大学附属中学的发展受到了很大的冲击甚至面临着转型。

伊利诺伊大学厄巴纳香槟分校实验高中(The University of Illinois Laboratory High School)就遇到过这样的困境。伊利诺伊大学实验高中是一所公立的、在招生上有选择权的高中，它与伊利诺伊大学香槟分校有一定的关联，在学校网站上陈述自身与伊利诺伊大学关系时用的是"associated with"，从中可以看出双方合作的程度并不是很强。伊利诺伊大学实验高中创建于1921年，校址在伊利诺伊大学校内，主要以招收伊利诺伊州的资优生为主，在校生300人，横跨五个年级。在长达90多年的办学历史中，该校培养出了三位诺贝尔奖得主，辉煌的办学成绩使得它被《新闻周刊》(Newsweek)杂志评为公立高中当中的精英学校。

学校在建校之后的很多年时间都是由伊利诺伊大学教育学院提供办学经费，学校也自然成为了教育学院实验基地，但是1980年教育学院因为经费紧缺，停止了对实验高中提供办学经费，但大学仍然给予高中学生一些特殊的优待。高中学生在上学期间可以自由进入大学，他们能像本科生一样，使用大学的图书馆资源。从这个意义上说，学校的图书馆应该在所有高中学校中资源是最丰富的，此外，高中学生可以使用大学的运动场。

作为一所不能收学费的公立高中，伊利诺伊州教育委员会对学校的办学非常重视，因为学校招收全州的学生。实验高中当前年度预算中60%来自于伊利诺伊州教育委员会的拨款，大学虽然停止了对学生办学经费的支持，但是大学仍然对学校在设备维护、校舍维修等方面提供帮助。而私人捐赠对学校的发展发挥了重要作用。以2011—2012学年为例，学校筹集了近百万美元的经费。

近年来，该校大约40%的高中学生最终能进入伊利诺伊大学香槟分校。尽管在外界看来，学校被认为主要招收大学教工的子弟，但从现有的数据看，教工子弟仅仅占高中学生人数的1/3，学校招生来源也变得更加多样，香槟分校来自不同学科的学者经常把实验高中作为文化和种族多样的典型案例。

三、在线大学附属中学发展迅猛

部分美国大学附属中学以网络教育为载体，尽可能地将优质的高中教育资源辐射向全国甚至全世界。这一现象在其他国家并不常见，对于中国来说，也是新生事物，但是美国在线高中教育的发展速度却是非常迅猛。这种类型的学校包括俄克拉荷马大学附属高中(University of Oklahoma High School)、迈阿密大学全球学院(University of Miami Global Academy)、自由大学在线学院(Liberty University Online Academy)、加州大学预科学院(University of California College Prep)、德克萨斯技术大学附属高中(Texas Tech University High School)、波特兰州立大学独立研究学校(Portland State University Independent Study)、国家大学虚拟高中(National University Virtual High School)、开普兰大学附属高中(Kaplan University High School)、印第安纳大学附属高中(Indiana University High School)、斯坦福大学在线质优生教育项目(EPGY at Stanford University)、杨百翰大学独立研究学校(Brigham Young University Independent Study)、内布拉斯加大学林肯分校独立研究高中(University of Nebraska-Lincoln Independent Study High School)和密苏里大学高中(University of Missouri High School)。[①] 所有这些在线大学附属中学均通过了严格的专业机构的认证，它们的授课形式多样，学习时间也比较弹性化，学费相比于寄宿制或者走读私立高中要便宜很多。斯坦福大学在线资优生教育项目每年的学费是12 000美元，而其他在线高中的学费则要便宜很多。

印第安纳大学附属高中则是一所提供远程教育的中学，总部设在印第安纳大学布鲁明顿分校，它由印第安纳大学分管本科生教育的副教务长办公室(Office of the Vice Provost for Undergraduate Education)管理。它为世界各地的学生提供个性化的课程和学历项目，除了提供在线课程或者邮寄的函授课程之外，该校也开设了职业规划类课程和一些生活体验类课程。印第安纳大学附属高中被"最好的学校"网站评为排名第二的在线高中。而密苏里大学附属高中由密苏里大学教育学院举办，它是一所在线高中。学生来自于65个国家，全美每个州都有学校注册。学校开设了众多课程，甚至包括10门AP课程和一些荣誉课程。这些在线大学附属中学能为学生提供丰富的课程选择，虽然这一类学校不是本研究关注的重点，但

---

① 最好的在线大学附属中学[EB/OL]. http://besthighschoolsonline.com/types/university-affiliated/.

是美国在线大学附属中学迅速发展的现象仍然值得我们关注。

四、培养创新人才是大学附中的追求

从现有的美国大学附属中学来看，规模并不大，即便囊括在线大学附属中学也只有五十多所。但其中不乏能雄踞各类高中排行榜前列的顶尖学校，如肯塔基卡罗马丁高顿数学与科学高中等。

虽然，美国大学附中的创办也有类似于我国为了解决大学教师子女就学的原因，但是可能由于美国大学本身的创新追求，在美国的大学附中几乎都把创新人才的培养或者说学生创新精神的培育，作为重要的办学追求。

第二节　中美大学附属中学发展过程中的启示

上海在两次 PISA 测试中取得了全球第一名的好成绩，可谓震动世界。这极大地提升了中国基础教育在国际上的地位，也促进了基础教育领域的中外交流。许多国家的教育界人士纷纷来到上海取经，英国派了 72 位数学老师到上海来学习，学习半个月，听上海老师的课，然后做了一个总结报告。哈佛大学教育出版社出版了专著《超越上海》，可见其中的赶超心理。我们在进行大学附中的研究，也应该有这样的视角。正如顾明远教授所言："在互相研究中真正研究出教育的一些最重要的基本规律、基本原则，一方面促进我们自己教育的发展，另一方面把我们的经验介绍到国外去。"[①]

从以上研究中，我们可以得出以下几点启示：

1. 美国应该向上海学习以政府牵头的方式创建大学附属中学的经验

通过创建大学附属中学来改进人才培养模式，提升基础教育的质量。创办大学附中，培养创新人才，从中美两国的实践来看，被证明是一条正确的途径。据笔者的不完全统计，美国大概只有 50 多所大学附属中学，数量还不及整个上海市的大学附属中学。美国具有全世界最好的高等教育系统，全美大概有 4 000 多所高等院校，其中包括 300 所左右的研究型大学。因此，成立大学附属中学还有很广阔的

---

① 顾明远.全球化时代比较教育的挑战与使命[J].比较教育研究，2015，(4).

空间。美国目前大学附属中学聚集地有纽约和休斯敦，这两个城市都是以政府的力量，推动成立大学附属中学。而上海是目前我国大学附属中学最密集的地区，从这个意义上说，美国应该向上海学习创建大学附属中学的经验。

2. 中国大学应该向美国大学学习，超越功利，与大学附属中学真诚地进行合作，为创新人才的培养提供更好的空间

我国大学附属中学数量超常规的迅猛增长现象值得深思。尽管在短时间内出现一大批新的大学附属中学并非中国特有的现象，在美国的纽约和休斯敦的地方教育行政部门也有类似的发展思路。但是大学能够与附属中学合作的精力和资源毕竟有限，不应该无休止的扩张。中国大学应该牢记"有所为，有所不为，才能大有作为"。

相比于国内部分大学心浮气躁，盲目拓展附属学校的数量，国外的一流大学在成立大学附属中学时要审慎得多。国外大学的运作更多是基于学校的使命陈述的考量，更多是围绕大学办学的核心使命追求来确立行动的方向和目标。如果偏离了核心使命，即便是有利可图，能够让大学受益，大学仍然不会为之所动。从更深层次上讲，体现了大学决策机制的差别。美国大学的共同治理制度使得大学在决策时有更多利益相关群体参与讨论的空间，而非个别领导人的意志。

3. 一定是著名的大学的附属中学才能成为名校吗？

在中国，排名越靠前的大学，其附属中学越有名。但在美国，排名越靠前的大学，其附属中学越有名的现象不成立。以我国部分985大学为例，其中北京大学附中、清华大学附中、复旦大学附中、上海交通大学附中、西安交通大学附中、人民大学附中、北京师范大学附属中学、华东师范大学第二附属中学等都是当地最好的示范性高中。但在美国，一些著名的大学附属中学未必是与世界一流大学相关联。例如，纽约市三所新建的大学附中就并非来自于研究型大学。

4. 重新审视中国大学附属中学的英文名称

几乎所有中国的大学附中在英文翻译校名时，都采用的是 Affiliate to 或者 Attached to。如：北京大学附属中学的英文名称为"The Affiliated High School of Peking University"，清华大学附属中学的英文名称为"The High School Attached to Tsinghua University"，上海交通大学附属中学的英文名称为"High School Affiliated to Shanghai Jiao Tong University"。

相比之下，美国大学附属中学的校名几乎没有出现过的是 Affiliate to 或者 Attached to。常见的大学附属中学校名采用大学校名作为高中名称，如：波士顿学院高中（Boston College High School），印第安纳大学高中（Indiana University High School）。第二种情况是用 at 连接，如哥伦比亚大学附属学校（The School at Columbia University），纽约城市学院附属数学、科学和工程高中（High School for Math, Science and Engineering at City College of New York）。此外，很多美国大学附中以实验学校的名称出现，如：芝加哥大学实验学校（The University of Chicago Laboratory Schools），路易斯安娜大学实验学校（Louisiana State University Laboratory School）。

因此，在学校名称的翻译过程中，可能是文化上的差异，但是我们的翻译可能也会导致上述所说的"主体间性、共同利益"的缺失。

5. 应当分层分类推进中美之间大学附属中学的深度交流

从上述的分析中，我们可以看到，美国的大学附中与中国的大学附中在很大程度上具有相似性，尤其在培养创新人才方面，美国大学附中的一些做法值得我们借鉴与学习，当然我们应当分层分类地深度交流学习。

为了能够较为深入地了解美国大学附中的办学特点，接下去一节分析两所美国大学附中的典型案例。

第三节 美国大学附属中学的典型案例

一、案例之一：纽约城市学院附属数学、科学和工程高中

在 2015 年《美国新闻与世界报道》中全美公立高中排名中位列第 78 位的纽约城市学院附属数学、科学和工程高中（The High School for Math, Science and Engineering at The City College of New York，简称 HSMSE）是近年来新崛起的一所大学附属中学。它创建于 2002 年，由时任纽约市教委主任哈罗德·列为（Harold Levy）和纽约市立大学系统（The City University of New York）总校校长马修·歌德斯坦因（Mathew Goldstein）共同商议创建。它是纽约市九所著名的特色高中之一，学生通过纽约市教育委员会专门组织的高选拔性的考试择优录取。纽约城市学院是纽约市立大学系统中的旗舰大学，它在科学、工程和建筑领域处于领先地位，同时它的人文和艺术学科也有很强的实力。因此，纽约城市学院附属数学、科学和工程高中在创建伊始就将办学定位在很高的层次，这可以从学校的使命陈述中得到体现：

> 学校提供一种独一无二、无与伦比的充满合作性的教育体验，在这里天才学生能够接受充分的挑战，不断地提升他们的智力水平，培养探究的习惯，提升表达、批判性思维、问题发现以及问题解决、研究和演说的能力。学校追求为学生提供学术严谨的学习环境，专注于数学、科学和工程，同时也强调对学生公民责任的培养和对知识内在价值的追求。教师、学生、家长以及学校的合作伙伴组成了一个学习共同体，旨在发展学生获取和分析信息的能力，从不同的角度看世界，在不同学科之间建立联系，发现其中的规律，畅想不曾所想。我们希望学生能成为知识渊博的、有思想的、能言善辩的公民，他们在大学、在工作场所和今后的人生能够充分利用好各种机遇。①

纽约城市学院附属数学、科学和工程高中提供了一套整合科学、技术、工程、数学与人文学科的课程。学校倡导以合作方式营造一个支持性的学习社群，在这样的环境中人人得到激励，水平不断提升。学校通过与纽约城市学院格拉夫工程学院（Grove School of Engineering）和西奈山医学院（Mount Sinai Medical School）的密切合作，倡导学生在实践中学习。学校富有经验的教师非常敬业地教授学生知识，通过严格的要求和自身真情的投入促进学生的发展。

正是基于与纽约城市学院的合作，学生能够有机会在高中阶段就接触到处理结石问题，阅读莎士比亚著作，探讨果蝇遗传学，设计电路，辩论中世纪的法院系统，或了解德国的文化。学校的生源来自于纽约市内的各个区的公立中学或者私立中学，来源非常广泛。他们的宿舍坐落在纽约城市学院的巴斯克维尔公寓，从这个意义上说，与大学的合作伙伴关系为学生创造了独特的学习机会，给学生提供了一个提前体验大学生活的环境。学生可以在纽约城市学院的食堂就餐，可以使用

---

① 纽约城市学院附属数学、科学与工程高中使命陈述［EB/OL］. http://www.hsmse.org/school-information/mission-and-vision/.

纽约城市学院的图书馆和运动设施,可以得到在一些实验室做研究助理的机会,甚至很多附中的课程可以被授予大学的学分。

除了与纽约城市学院的合作之外,学校还与西奈山医学院建立了伙伴关系,允许10年级学生选修工程、数学和生物医学研究方面的选修课。高年级学生每周也可以有半天时间进入大学实验室做实验。而与歌德学院(Goethe-Institut)和美国德裔教师联合会(American Association of Teachers of German)进行的德国项目合作是最大的合作项目,每年夏天都有不少学生能够得到经费赴德游学。

附属中学除了利用大学资源进行课程开发与整合之外,从附属中学的课程目录中我们可以看到,纽约城市学院对学校课程建设给予大力的支持。因为附属中学所招收的都是纽约市最顶尖的学生,因此,纽约城市学院开放了部分大学的课程供高中学生选修,并给予大学的学分。

12年级学生的《经济学基础》是一门由纽约城市学院开设的为期一学期的课程,学生通过考试之后能够获得纽约城市学院的学分。这门课旨在提升学生的财经素养。学生将学习微观经济学的基本概念,例如机会成本,供给与需求,比较优势和生产效率。他们学习个人理财的基本知识,包括存款、预算、个人信用、投资和保险。最后,这门课程会简单介绍GDP、失业、通货膨胀和货币政策的基本概念。

12年级的《政治中的民主参与》是一门由纽约城市学院开设的为期一学期的课程,学生通过考试之后能够获得纽约城市学院的学分。这门课程将向学生介绍联邦政府、州政府以及市政府的特点。这门课程同时鼓励学生充分参与对当前政治事件的讨论与辩论,培养学生的批评性思维能力。

二、案例之二:芝加哥大学实验学校

芝加哥大学实验学校(The University of Chicago Laboratory Schools,简称Lab)是享有国际盛誉的著名学校,它由教育家约翰·杜威于1896年创办。学校从幼儿班到12年级,现有学生2 004人,其中高中部学生516人。学校为学生提供150门富于挑战性和多样性的课程,现有40多个社团。学校体育运动也蓬勃开展,高中部有34支运动队。学校的生源中60%的学生家庭与芝加哥大学有直接的关联。

卓越的学校几乎到处都有,但是作为一所世界一流的研究型大学附属的卓越

学校,芝加哥大学实验学校可能是非常少有的。实验学校的培养目标是"使得每位毕业生都具有创新能力以及获取、分析和交流复杂性知识的能力,并且具备使得他们能够在大学以及今后的世界不断超越的自信"。[①]

作为芝加哥大学的实验中学,学校所形成的文化氛围与其他普通中学有很大的差异,芝加哥大学注重思考和探究的文化深深地影响着实验中学的学子。实验学校与大学之间的合作不断发展,形式多样,这为我们研究美国大学附中与大学的深度合作提供了很好的案例。

第一,实验学校的部分学生能够直接选修大学选修课程。以 2013—2014 学年为例,有 9 位高三的学生、5 位高二的学生和 1 位高一的学生共同选修了 44 门大学的课程。从学生选择的范围来看,涉及了各个学科,包括数学系的代数、数学分析;物理系的基础物理、机械、电学、电磁学、光学、热力学和声波学等;生物系的生态学、传染病的演化;计算机科学。语言类课程也深受高中学生青睐,主要包括基础意大利语、波兰语、基础阿拉伯语、基础法语和德国文学。有些学生学习的时间甚至超过一个学年。除了语言类课程之外,文化心理学、经济分析基础和美国战略等人文社科类课程也有学生感兴趣。

第二,学生参与大学教授的研究项目也是一种重要的合作形式。在 2013 年,简·迪森特(Jean Decety)教授的实验室在研究儿童在道德情境中的反应,分析儿童的同情心和作为团队成员中的个体在道德决策中的作用,实验中学的两名学生参与了这项研究。此外,还有两位高三的学生参与了芝加哥大学医学院的影子内科医生项目,一位高一学生参与了大学睡眠实验室的研究项目。

第三,高中生进入到大学实验室参与团队研究毕竟只是少数,从实验学校的经验来看,开展 15 年的暑期科研实习项目(Science Summer Link Internships)已经非常成熟。该项目最早起源于实验中学的科学教师莫里·郝金斯基(Murray Hozinsky)帮助高中生暑期进入大学实验室实习,在郝金斯基退休之后,继任的科学教师莎朗·郝新格(Sharon Housinger)逐步将它制度化,正式建立了暑期科研实习项目。郝新格充分利用了家长资源,邀请在芝加哥大学担任教授的家长们组成了专门的委员会,审议学生的实习申请,同时积极联系芝加哥大学校内各个实验

---

① 芝加哥大学实验学校简介.[EB/OL]https://www.ucls.uchicago.edu/program/high-school.

室,寻找暑期实习的机会。2010年,实验中学的教师克里斯托弗·简娜斯(Christopher Janus)和安德拉·马腾菲(Andrea Martonffy)将该项目扩展到著名的芝加哥大学商学院(Chicago Booth School of Business)。

正是有了这样的深度合作,实验中学的高中生才有进入世界一流大学实验室带薪实习的机会。在现有的24个带薪实习职位中,一半是生物、物理、化学和计算机科学学科,还有一半是在商学院、法学院、出版社等人文社科领域。通过暑期科研实习项目,高中学生能够更多地了解真实的世界,能够亲历高中学生很难获得的研究经历。过往较为成功的项目有:芝加哥大学材料科学与工程研究中心、芝加哥大学计算科学研究所与美国阿拉贡国家实验室的研究项目、海德公园银行、国际权威评级机构晨星公司、芝加哥大学出版社。领衔的教授有芝加哥大学化学系卢宇平教授、美国诉讼法庭大法官理查德·波斯纳(Richard Posner)、芝加哥大学经济法学教授威廉·兰德斯(William Landes)、芝加哥大学劳动经济学杰出教授斯蒂文·卢威特(Steven D. Levitt)、芝加哥大学医学院杰出教授简奈特·劳利(Janet D. Rowley)、基因工程学陈建军教授等等。

由于暑期科研实习项目每年都在变化,能保持一定的规划开展十多年非常不容易。实验中学对这样难得的合作机会也是作了充分准备。学生在申请暑期科研实习项目时,必须提交一篇论文,说明为什么对该学科感兴趣。科学课的分数在申请过程中也起了重要作用。对于一些非科学类的实习项目,则需要解释为什么愿意参与该项目,你希望能从中学到什么。实验中学各个年级的学生都可以申请,申请成功者将利用暑假时间全天参与为期7周的项目,同时可以拿到一定的薪水。

第四,实验中学的学生也积极创造机会以更好地利用芝加哥大学的资源,实验高中与大学之间的艺术交流非常频繁。实验高中的铜管乐队与大学乐队一起排练,在科特演出中心(Court Theater)表演。在2013年,高三的两位学生经过一年的精心准备,在科特演出中心展示了自己编排的舞蹈。同时有部分学生参与了大学的午间音乐会。实验中学的戏剧老师奥德·伯杰斯纳卡斯(Audre Budrys-Nakas)带领整个高一学生观看了大学表演艺术系演出的剧目,同时还邀请大学的教师来给高中生讲课。

第五,每年实验中学会定期邀请芝加哥大学的不同学科的知名教授到学校给学生开设讲座,如诺贝尔奖得主、著名的科学家等,这些资源是其他高中很难获得的。2015年,芝加哥大学法学院艾米丽·巴斯(Emily Buss)教授为实验高中的学生开设了"未成年人的正义"研讨课。大学著名教授的授课增加了实验高中课程的深度和广度。

实验高中能获得成功,原因是多方面的,但从背后的关键因素来看,至少有几点值得重视:

第一,传承了芝加哥大学的文化。

芝加哥大学创办于1890年,建校之初,芝加哥大学就以开放的心态兼收并蓄地包容了德国威廉·冯·洪堡与英国约翰·亨利·纽曼两种大学理念,建构了独特而卓越的组织、研究和教学理念,在很短的时间内成为美国乃至世界一流大学。芝加哥大学的教育观念强调"宏观与实验"精神、注重对纯理论和大师经典学习研究的教学方法,奠定了它在美国教育史上的独特而重要的地位[1]。教学中十分注重培养学生的独立思考精神和批判性思维,鼓励挑战权威,鼓励与众不同的思维方式和观点,培养了众多诺贝尔奖获得者。这样的文化在实验中学也得到了很好的体现。实验学校的使命陈述是:我们是芝加哥大学学术群体中的最年轻的成员,我们点燃和培育学生具备持续的学术能力、好奇心、创新能力和自信心。我们注重经验性学习,鼓励学生展现自己的善意,尊重文化的多样性。[2]

第二,实验学校的高层领导同时拥有在大学和附中工作的经历。

大学附中能够与大学进行深度合作的重要前提是,附中的校长同时了解附中和大学的文化。芝加哥实验学校的现任校长贝斯·哈里斯(Beth Harris)本科毕业于芝加哥大学,之后在西北大学获得法学博士。在芝加哥大学有过30年工作的经历,她曾担任13年的大学副校长和总法律顾问,具有深厚的管理复杂的大型学术机构的经验。她在担任芝加哥大学副校长时分管了四个学部、五个专业学院、阿拉贡费米国家实验室、大学出版社、科特剧院和两个大学博物馆。她同时还担任了多个学术机构的董事,包括实验学校、芝加哥大学巴黎中心、印度中心、香港中心等众多机构。来实验中学之前,她曾担任海德公园舞蹈学院的院长[3]。

---

[1] 肖明波.芝加哥大学校长哈钦斯[N].中华读书报,2013-11-27.
[2] http://www.ucls.uchicago.edu/about-lab/mission-statement
[3] http://www.ucls.uchicago.edu/about-lab/from-the-director

值得一提的是,芝加哥大学实验学校的董事会主席通常由芝加哥大学的董事来担任,由此可见,大学对实验学校发展的重视。如实验学校的前任董事会主席、阿里尔投资公司的总裁约翰·罗格斯(John Rogers),既是芝加哥大学的董事,在大学董事会中担任了外部事务委员会的主席,同时也兼任了实验中学的董事会主席。罗格斯毕业于实验中学,为实验中学的发展投入了大量的心血。他离任时得到了高度的认可。[1]

正是因为芝加哥大学实验学校在美国大学附中界的引领地位,使得众多其他同类学校在遴选校长时,争相希望能从实验中学聘请人才。如哥伦比亚大学附属学校的现任校长阿玛尼·里德(Amani Reed)之前就是芝加哥大学实验学校初中部的校长。

第三,实验学校与大学的深度合作体现在师资的双向交流。美国的大学附中与大学的关系并不存在行政上的隶属关系,更多地是双方基于主动合作,寻求共同的兴趣点而建立的附属关系。实验学校不少老师既在大学承担教学任务也在中学承担教学任务,这种双向交流,使得他们的合作是深度的。

如果说芝加哥大学实验学校给我们提供的是一所研究型大学附中的典型范例,那么纽约城市学院附属数学、科学和工程高中则提供的是一所单科大学附属中学的杰出代表。从这两个典型案例中我们可以归纳出四点共同的启示:即对大学文化的传承、在课程上大学附中与大学的相通、大学附中领导人的大学经历以及作用、师资的双向交流。

---

[1] Shia Kapos. John Rogers to Exit U of C Lab Schools Board [N] Chicago Business,2014-12-04.

第六章　一所大学附中与大学深度合作的实践探索

前面章节,笔者从文献的、历史的、现实的以及理论与国外的五个方面,来分析大学附中与大学合作培养创新人才的主要做法、问题与经验。为了更好地论述大学附中与大学深度合作的必要性与重要性,本章将结合自身所在的学校(上海交通大学附属中学)与大学就创新人才培养问题开展深度合作进行论述。

第一节　共同愿景——深度合作的基础

一、大学与附中的共同愿景

从前述针对校长的问卷调查中我们不难发现:排在第一位的是大学附中校长普遍地对大学自主招生指标的强烈渴望,他们希望大学能给予他们的是更多的自主招生的指标。同时,大学期望附中能将最优秀的生源推荐到该大学就读。如果,附中与大学的所谓"双赢"是建立在这样的基础上的话,教育的公平对全社会来说就没有指望,学生的个性发展也会受到极大的限制,这是很不利于我国创新拔尖人才培养的。

令笔者感到震惊的是在考察美国纽约斯蒂文圣高中的经历。斯蒂文圣高中无疑是美国纽约最好的高中之一,然而,它并没有顶尖的实验室。不少学生的高大上的实验都是在临近的洛克菲勒医学中心完成的。只要学生有着强烈的探究愿望,并愿意在科学研究上付出个人的努力,洛克菲勒医学中心不仅会为他们提供各种实验的机会,而且会指派专门的研究人员为其提供指导。学生知道他们从斯蒂文圣高中毕业并不可能走进洛克菲勒医学中心,洛克菲勒医学中心也并不招收本科学生。然而,他们只是为了一个共同的愿景,那就是:为了每个孩子的成长,服务美国的国家利益。

"祖国高于一切,才华贡献人类",铭刻在广东省中山纪念中学校门内的校训牌令人难忘。如果,我们附中与大学的校长都把此训当作自己追求的话,中国的教育一定会有极其灿烂的明天。

上海交通大学以"饮水思源,爱国荣校"为其办学理念,"思源"就是不忘初心,每天都在思考自己是从哪里来的,自己为何而来。无疑,上海交大是为强国而生,为强国而长;为孩子而生,为孩子而长,离开了这一理念,上海交通大学就没有她存在的理由,就没有她存在的空间。

上海交通大学附属中学正是在这一理念下得到成长与发展的。上海交通大学现任校长张杰说:"附中有一大批优秀的学生,大学欢迎他们前来求学。但是,如果他们志不在此,选择更能适合他们发展的大学,满足他们的兴趣与特长,学成后能报效祖国,我会感到更加高兴。"

正是有了张杰校长这样的期望,附中在大学的指导下,形成了独特的办学目标,并把它贯彻在学校人才培养的各个方面。

基础教育,说到底要回答的根本问题是"培养什么人与如何培养人"的问题,正如《教育部关于全面深化课程改革 落实立德树人根本任务的意见》所指出的:要根据学生的成长规律和社会对人才的需求,把对学生德智体美全面发展总体要求和社会主义核心价值观的有关内容具体化、细化,深入回答"培养什么人、怎样培养人"的问题。当前专家学者们也正在全力研制我国学生发展核心素养。发展学生核心素养,是我国每一所学校都要努力追求的,基于本文的研究以及自身的实践,可以发现任何人要主动进行创新活动,都需要拥有自由的心灵、自觉的追求、自主的探索——"三自"理念。没有这样的前提条件,无论先天素质如何优良、环境资源多么优质、学习活动多么丰富,都难以出现有意义的自主创新行为,更难以产生有价值的创新成果。

1. 自由心灵——绽放创新的生命活力

大学从来强调,研究需要自由的心灵,其实在我们看来,所有具有创新潜质的人才都应该具有内在活力和应该享有自由空间,我们从传统视角设计的、曾经自以为非常完美的教育计划和精心准备的教育资源,也许恰好填塞了创新人才本应拥有的自由心灵,遮蔽了他们本可敞现的创新智慧。在今天看来,我们应该转换视角、更新思维。此时可以看到:创新人才的培养就应该是让青少年自由的心灵升腾并释放出无限的活力——然后,用他们充沛的活力,创造属于他们自己的新世界,而不仅仅是按我们意愿创造我们规定的理想世界,更不是固守我们创造出的世界!因此,创新人才培养首先要考虑的是:如何让孩子自由的心灵得到呵护?如果说,他们的自由心灵在以往的成长历程中已被种种因素所遮蔽或填塞,那么,到了我们的学校,就应该通过适当的"留白"而在校园中敞开高品质的自由空间。在这方面,作为一所高水平大学的附属中学,我们可以一方面更为大气地超越许多流行的功利主义的追求,另一方面从大学的教育文化,尤其是开放自由的学术思想空间中获得更多启发。我们可以营造更为民主、自由且追求创新的教育文化,让我们的学子拥有更为自由的心灵,绽放更为充沛的活力!

2. 自觉追求——激活创新的无限创意

当然,自由心灵中的生命活力,不是无序地绽放,而应是在开放的空间、丰富的资源中经过自觉追求而逐步生成。有人通过对诺贝尔奖获得者的素质构成进行分析,得出知识广博、文化知识基础深厚、创新素质、心理素质和道德品质素质是高科技创新人才的素质构成。如果超越这种静态的素质结构分析,采用动态的视角,从它们得以形成和发挥作用的机制来看,可以发现一个至关重要的因素:自觉主动的发展方式。实际上,每个人的发展是否出于自觉主动的追求,将决定着上述多方面素质能否形成、每一种素质的质量是否足够优秀、各种素质的综合作用能否产生创新成果。对于日趋开放、复杂的当代社会来说,这种生命自觉尤其显得重要。在开阔的人类文化视野中,一个民族的崛起离不开清醒的文化自觉和崇高的文化使命;在开放的学校教育空间中,每个学生创新潜能的敞现,离不开他作为发展主体的自觉追求。有了自觉的追求,开放的文化空间才能真正属于他们,丰富的教育资源才能为"我"所用,教师的精心培育才能融入学生自己的感悟;只有这样,学校教育才有可能让学生在成长历程中激活无限创意。

3. 自主探索——生成创新的思维素养

就创新活动的实际过程来说,它本身就需要主体的自主探索。创新活动是主体为了一定的目的,或"无中生有",开发产生出新的事物;或"有中生新",对已有事物进行革新、更新、综合、集成,产生新的事物。因此,在自觉追求、激活创意的基础上,还需要有持之以恒的自主探索。自主探索是每个人以更为成熟的自主意识和能力实现主动发展的过程。相对于幼儿或小学生而言,高中生的思维判断能力以及处事方式处于趋向理性的成长阶段,他们的情感变得更加丰富与细腻;同时,他们更有可能在战胜自己的弱点与欲望、经受生活中各种困难的考验上表现出惊人的意志力。对于上海交通大学附属中学的学生来说,这些特征更为明显。因此,只要学校提供足够开放的发展空间、足够优质的教育资源,给予适当的鼓励和引导,包括富有本校特色的"中学生生涯发展规划"教育,他们完全可以实现自我学习、自我调整,在创新活动中寻找乐趣,并不断获得成就感和满足感,让自主发展的意识更为清晰、志趣更为明确、能力日趋强大。

所以,学校进行创新素养培育实验过程中的基本思路就是:敞开更为开放的希望空间,敞现学生的创新潜能,让学生的自由心灵、自觉追求、主动探索得以转变为现实的创新活动和实在的创新素养。将一些具备创新潜质和创新素养的同学集中在一起,让他们在自己独立的空间自主探索,更重要的是他们可以在自主探索中相互激发,以"点"带"面",整体促进学生从学习方式到思维方式的改变,这就是"自主探索、相互激发"获得的力量。

正是在大学精神的滋养下,我们对于创新人才的内涵进行了广泛的探索,结合当前社会的特点及其对于人才的需求变化,综合世界著名组织与研究机构如世界银行、联合国教科文组织、国际少年儿童发展组织等关于核心能力与素养研究的最新成果,我们将当代中国社会创新人才应该具备的素质归结为:

A. 广博与专长相结合的充分的知识储备;
B. 以创新能力为特征的高度发达的智力和能力;
C. 以创新精神和创新意识为中心的自由发展的个性;
D. 积极的人生价值取向和崇高的献身精神;
E. 国际视野、竞争意识和国际竞争力。

同时对于创新人才素养的提升,从学生培养和教师培训两个角度进行了实践解读:从培养学生的角度来看,参照上海交通大学本科生培养目标(实施与通识教育相融合的宽口径专业教育,使学生的知识学习和能力培养植根于丰厚的人文社会科学和自然科学的沃土,使学生具有志存高远的品性、身心和谐的人格、追求卓越的意志和海纳百川的胸怀,成为德、智、体、美全面发展,知识、能力、素质协调统一,具有宽厚、复合、开放、创新特征的高水平、高素质、国际化人才[①]),明确了学校学生培养首先在于塑造学生的健全人格,培养学生的社会责任感,为真理而奋斗的精神和严谨求实的品德。其次在于培养学生的创造力,求异求新的思维,这是人类文明不断进步、征服自然的原动力。最后在于培养学生独立研究和团队合作的禀赋,坚持不懈持之以恒的毅力。通过各种方式促进学生着力自主发展、自主创新,自觉培养创新意识与创新精神,勇于创新,敢于创新,学做创新的主人。

从教师培训的角度来看,要从教师的综合素质培养入手,在提高教师业务素养的同时,着力增强教师的科学和人文素养,树立勇于创新的教师典范,甘于奉献的教师楷模,营造鼓励创新、宽容失败和严谨求实的教学氛围。

二、共同愿景在附中的内化

大学附中与大学形成的学校共同体应该是一种拥有共同利益或目标的组织结构,拥有面向人才培养的共同愿景和合作机制。学校之间在遵循合作原则的前提下,互动交流、优势互补、互惠互利,提高办学效益和办学质量以谋求学校共同发展。

共同的愿景对学校共同体的建构至关重要。共同愿景是组织中人们所共同持有的意象或景象,它创造出众人是一体的感觉,并遍布到组织全面的活动,而使各种不同的活动融汇起来[②]。共同愿景的本质是共同利益,大学附中与大学构成的共同体,无论是学校间的关系构建还是学校内的师生关系都存在相通性,这是基于共同体合作的前提,而内在的逻辑关系则是利益相关者之间的利益达成。大学附中与大学之间的利益纽带就是人才培养,符合双方利益主体需求的人才培养就是愿景的关注点所在。基于这种关注,在共同体内部形成一种合力,激发双方的潜能,共同指向人才的创新培养,间接提升自我的学校发展空间,主体间有独立有合作,形成学校共同体发展的核心精神,成就他者即成就自我。

[①] 摘录自上海交通大学官网:http://www.sjtu.edu.cn/zdh/rcpy.htm.摘录日期为2016年4月15日.

[②] (美)彼得·圣吉.第五项修炼:学习型组织的艺术与实务[M].上海:上海三联出版社,2003.

然而，遗憾的是：在大学与附中之间，人们把附中与大学合作的利益窄化为附中应当成为大学提供优秀生源的基地，附中则希望大学能成为自主招生指标额外的提供者。在一段时间，上海交大附中也出现过同样的情况。

为此，在附中领导班子首先取得共识的基础上，努力把"为国育才"这一理念传播出去，并使其在教职员工，尤其是在骨干教师中深入人心。

"内化"就是把外在的要求转化为个人内在的信仰，并自觉地落实在日常的行动上。为此，我们主要采取三条途径：

其一，邀请上海交通大学著名教授与附中教师座谈，谈他们在育人方面无私的奉献；

其二，反复强化教师"为国育才"的理念，直至他们形成坚定的教学信念；

其三，以"敞现创新人才发展的空间"为题，组织教师进行专题讨论，使他们明白，创新人才的发展绝不能局限在附中，也不能局限在上海交大，甚至也不能局限在上海。让他们发展得更好，这才是教师根本的追求。

共同愿景不是空洞的口号，而是具体的行动表达，只有在共同认知基础上，形成大家默认的追求，才能在它的引领下，大学与大学附中团结协作，合作共赢。

大学附中与大学的新型合作关系构建是通过学校间基于创新人才培养而产生的校际关系，良性互动的主体关系能够促进学生的学习兴趣激发和核心素养的养成，无疑能促进学校双方利益的达成。大学附中和大学都是以创新人才培养为出发点，共同追求学校间的互利合作，学校共同体的稳定性，目的都在于通过影响学校的核心主体——学生的成长，不断转变学校的校际关系、契约化制度。同时，学校的创新性发展的发生从机理上讲，还包含了学生与教师、教师与管理者等"次主体"间的关系转变。这种"次主体"间的关系体现在师生精神、观念、行为等层面的整体重建，指向就是学生和教师各自素养的提升。

第二节 课程共建——深度合作的实践突破

在上海市教委的支持下，上海交通大学附属中学在2008年开始对创新人才培养进行了较为系统的思考，从2009年起开始正式以"大学附中与大学深度合作培养创新人才"的实践研究项目展开创新人才培养的办学实践。作为人才培养模式的改革,独特的课程体系无疑是其中的关键。上海交通大学有着雄厚的师资力量,借助大学的力量当然是我们必然的选择。

在上海交大附中,与大学共建课程大体经过了三个阶段:科技实验班的早期探索、拓展型及研究型课程的共建与创新人才培养课程体系的建构。

一、科技实验班的早期探索

作为以科技理工特色闻名的上海交通大学附属中学,学校始终注重对青少年的创新意识和实践能力的培养。在20世纪90年代就着力改革课程,与交通大学进行有效合作开设预科班。这时的"科技实验班"教育模式在课程设置、教学内容与教学方法等方面做出大胆而有效的尝试。在课程设置方面,学校对课程安排作调整,当时的交大预科用5个学期学完6个学期的课程,腾出时间引导学生参加社会实践活动和科学实验活动。在大学部的支持下,学校自编了与交大理工科专业密切联系的新教材,在数学、信息技术、外语等学科方面进行探索。

在教学模式上,学校除了夯实学生基础知识外,在数学、物理、化学、生物和信息科技等领域,对学生进行高一层次的训练,引发其对未来专业的兴趣和志向。学校充分利用社会资源和大学资源,组建"交大附中校友讲师团"、"大学教授专家讲师团",通过授课与专题讲座等形式,开拓学生视野,培养学生的创新意识、创新思维、创新精神和创新能力,成效显著。

在教学内容开发上,为培养创新人才,学校还进行了深度开发拓展型课程和研究型课程的尝试,使学校的课程内容和结构得到了进一步的完善。2001年开始实施的"课题式综合学习与实践"的方案,以培养学生对新知识、新事物的求知欲和鉴别力,提高学生自主学习的能力,开发学生多方面的潜能为目标,取得了良好的效果,向社会输送了大量人才,也积累了培养创新人才的宝贵经验。

二、拓展型及研究型课程的共建

2007年上海市科教党委、上海市教育委员会出台《关于深化教育综合改革进一步加强创新人才培养的若干意见》,《意见》提出——建立"学校教育各环节互为联动、大中小幼各学段纵向合作、政府学校社会家庭横向沟通"的创新人才培养体系框架;建设大学附中与大学教育相合作的拓展型及研究型课程,鼓励高校与有条件的大学附中共建课程、共享课程及有关实验实施,共同制定校本课程建设标准及评价标准,高校帮助大学附中教师开展专业研究;在教育质量评价方面实施以培养创新精神和实践能力为核心的基础教育督导评估,以学校发展型督导评价指标体系为基础,突出对学校创新精神和实践能力培养的能力评估,加强对学校创新素质培养环境建设的引领,重视以全体学生创新实践能力培养为特征的学业成绩、态度、能力评价。《国家中长期教育改革和发展规划纲要(2010—2020年)》更提出了"推进培养模式多样化,满足不同潜质学生的发展需要,探索发现和培养创新人才的途径"的号召。

作为上海市首批"实验性示范性大学附中"的上海交通大学附属中学,在创新教育的过程中,始终秉持"思源致远,创生卓越"的办学理念,在弘扬传统中求突破,力求让每个学生在实践创新中发展。在学校特色化发展探索谋划与改革突破的紧要关头,学校敏锐地抓住了"依托高校、深度合作、创新人才、生涯规划"几个关键词,并与本校长久以来所坚持的"'科技实验班'模式探索"和"学生生涯发展规划研究"密切联系,积极响应国家的号召,依托上海交通大学,努力探索培养创新人才的历史性课题,依据国家与上海市教委有关培养创新人才的要求和精神,形成了与高校联合培养创新人才的方案构想,2009年底《交大附中与高校联合培养创新人才的合作方案》初稿出台,并在同期开展先期实验。

三、创新人才课程体系的创建

在创新人才培养实践取得初步成效的基础上,我们开始尝试建设培养创新人才的课程体系。

1. 课程目标

上海交通大学附属中学结合学校的办学特色,借助上海交通大学的力量,将"思源致远、创生卓越"的办学理念落实在本校特色化课程体系之中,着力于创新人才的早期培养。与之相应,将课程目标定位于让学生积淀深厚学养并在此基础上形成远大志向、坚强毅力和创新智慧,通过创造性的发展方式生成卓越品质。

这样的培养目标表达着学校对学生发展内涵的三维理解。

(1) 在知识素养方面,学生能够在扎实掌握基础知识的同时形成深厚的人文

素养和科学素养;

(2) 在能力发展方面,学生能够在夯实学术功底基础上,形成创新素养,运用科学方法,创造性地完成一些科技创新实践项目;

(3) 在人格品性方面,学生能够在自主探索和用心交往的过程中,树立远大志向,秉持科学态度,创造青春辉煌。

2. 课程特征

基于课程培养目标,学校以优化课程为基础增强育人优势,激发创新活力,课程体系体现三个特征。

(1) 敞开特色鲜明的发展空间。在设计课程体系时,不仅要凸显三维课程目标中的特色化内涵,在构建每一类课程时突出其独特功能,而且要从促进学生实现特色化发展的角度协调不同目标、不同课程之间的关系,为学生敞开彰显创新素养培育的发展空间。

(2) 开发充满挑战的课程资源。在增强学生基础性学力的同时,主动与上海交通大学机械动力学院、电子信息学院和生命科学学院对接(见表6-1)。

表6-1 上海交通大学附属中学与上海交通大学共建课程目录

相关领域	项目名称	内容
工程科学	机器人	机械设计、电子设计、自动控制
	航模	流体力学、材料学、通信技术
	汽车	工程力学、热力学、系统工程
生命科学	生物化学	动物学、植物学、微生物学
	环境保护	生态学、地质学、环境管理学
	基因工程	分子遗传学、分子生物学
信息科学	信息安全	计算机网络技术、密码学、WEB安全
	软件设计	程序设计、数据结构、软件工程
	嵌入式系统	微机原理、嵌入式系统设计

与此同时,着力提升各种课程资源的教育品质,充分利用其他高校的优势教育资源,包括立足校本课程开发而引入的特色课程资源(见表6-2),以开拓更有挑战性的学生自主学习空间。

表6-2 2013年上海交通大学附属中学与上海财经大学合作开发经济学讲座课程

课次	日期	讲 座 题 目	授课老师
1	10.20	经济学与经济思维——像经济学家一样思考问题	夏纪军
2	10.27	经济学纵横谈(一)	田国强
3	11.3	经济学纵横谈(二)	田国强
4	11.17	中国传统经济思想的历史地位及现代意义	程霖
5	11.24	线性规划	朱东明
6	12.1	数学在经济学中的应用	周亚虹
7	12.8	经济学实验：真实而特殊的经济活动	杜宁华
8	12.15	预期在宏观经济分析中的作用	胡永刚
9	12.22	微观经济学的实际运用	艾春荣
10	1.5	生活中的宏观经济学	罗大庆

（3）倡导激发活力的学习方式。从教育者的角度来看，课程建设需要融通课程设计和课程实施，后者的重心就在于让学生在各项学习活动中更为主动、更有创新活力。为此，倡导新的学习方式，鼓励每位学生"自主探索"，并在与他人的交往中"相互激发"，并将这一追求体现在课程体系之中。

3. 课程设置

上海交通大学附属中学在构建创新人才培养的课程体系时，从"自主探索、相互激发"这一特色化学习方式的角度来重构课程体系（见图6-1），从而让课程体系在培养学生创新素养方面的优势得以充分发挥。

该课程体系图主要表达三层意思：

首先，将"自主探索、相互激发"特色化学习方式作为构思起点。在这里，最基本的原则就是站在学生的立场，让每一位学生形成优质的、整体性的教育经验。据此，在每一个课程领域和具体的科目中，都应为学生的"自主探索"提供多样化的、带有足够开阔的思考空间的课程资源，并为学生通过交往而"相互激发"创设条件。

其次，让学生完成三个核心任务。这三个核心任务是课题式综合学习与实践（拓展论文）(EE, Extended Essay)、科技理工素养(STEM, Science, Technology, Engineering, Mathematics)和生涯发展规划(CP, Career Planning)。在完成这三个

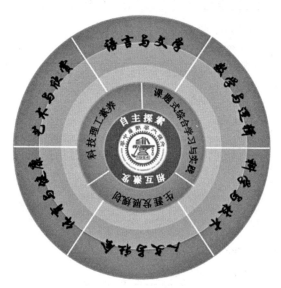

图6-1 上海交通大学附属中学课程体系结构图

核心任务时,学生可以进入最具有开放性和挑战性的自主发展空间。

在"科技理工素养"中,科学、技术、工程、数学之间存在着一种相互支撑、相互补充、共同发展的关系。如果要了解它们,尤其是它们之间的关系,就不能独立其中任何一个部分,只有在交互中,在相互的碰撞中,才能实现深层次的学习、理解性学习,也才能真正培养学生各个方面的技能和认识。

在"课题式综合学习与实践"中,学生需自主选择研究课题并完成一整套研究活动的流程,由此超越学校传授的学习内容而自主拓展出新的探索空间。完成这项任务后,形成一份研究论文或研究报告。

在"生涯发展规划"中,学生通过六个单元的主动探索,逐步适应充满挑战的高中生活、形成科学的学习方法、规划自己的人生发展。这三个核心任务都强调学生自主开展综合性的、开拓性的个性化探索,并在相互激发的过程中逐步进入每个人更高境界的发展状态。

再次,分六个领域安排各个科目。这六个领域是:语言与文学、数学与逻辑、科学与技术、人文与社会、体育与健身、艺术与欣赏。它们涵盖了学校提供的学习内容,包括各个科目。在每个领域内,合理整合课程资源,科学设置具有更高智慧挑战的特色学习项目;在每个领域之间,适当拓展相互沟通的平台,以增强学生素养的广度和深度。其具体的课程支撑见表6-3。

表6-3 上海交通大学附属中学创新人才培养课程设置

学习领域	必修科目	拓展选修	核心任务
语言与文学	语 文	唐诗的故事 英语能力突破 英语词汇拓展 英语基础拓展 英语听写训练 世界侦探小说史	
	外 语		
数学与逻辑	数 学	数学思维训练 数学竞赛 数学欣赏 形式逻辑 辩证逻辑	
科学与技术	物 理	计算机硬件软件技术及应用 计算机编程及竞赛 计算机AP课程:java基础 信息科技竞赛 人体探秘 能源探秘 高二物理竞赛 高一物理竞赛 高二化学竞赛 动手学化学 生物竞赛与实验 化学竞赛 植物组织培养	EE STEM CP
	化 学		
	生 物		
	劳动技术		
	信息技术		
人文与社会	思想政治	酒与酒文化 茶文化 商务礼仪 中学生理财常识 商务精英学 成功学 天平上的较量——刑事法律探析 通货的博弈——货币与银行 法律思维训练 法律案例赏析 西方哲学欣赏	
	历 史		
	地 理		

续表

学习领域	必修科目	拓展选修	核心任务
体育与健康	体育与健康	羽毛球中级 防身术 网球 瑜伽课 太极拳 手球运动 体育赛事精选与实践 实验心理学	
艺术与欣赏	艺术、音乐、美术	礼仪美容健康大学堂 Movie Studio HIP-HOP 街舞 电影美学 DIY 美术基础 美食小点	

4. 课程结构

在"创新人才"培养上，上海交通大学附属中学依托上海交通大学和社会力量构建基础教育与创新教育适度平衡的课程体系，注重学科之间的渗透，规划人生职业理想，增强学生实践能力；重视教学的个性化，培养学生专业兴趣；加强探究性学习、重视能力培养；创造性地运用信息技术、提高学生科学素养。由于创新人才的培养在信息化大背景下进行，因此其培养内容需要高选择性和现代性的课程设置，需要为学生设计各学科交融的研究性学习过程。让课程资源服务于实现特色化的培养目标，其关键途径在于学生通过特色化的学习方式开展各种学习活动。结合以往经验与其他学校成功的实践模式，学校对"创新人才"的培养采用通识教育、科学素质培养和人生规划三大模块：

通识教育模块。内容包括基础性学科、人文素养、现代管理知识等，是以基础性为主的培养创新人才的课程设置。在基础教学的领域，上海交通大学附属中学保留国家课程，以确保创新人才培养的必备的知识基础与学习能力，在二期课改教学理念指导下，适当减少这部分课程课时总量，控制集中授课时间。学校通过开设精品课程加强全体学生的人文素养教育，培养学生的人文精神，如在文学、历史、哲学、艺术、法学等领域加大一定的教学力度。学校关注学生的领导与团队合作、组织能力的培养,通过与上海交通大学的合作,组建"大学教授专家讲师团",制定针对中学生特点的拓展训练。

科学素养培育模块。 内容包括科学基本术语和概念基本理解、科学研究方法和过程基本理解、科学技术对社会的影响等,是以自主发展为主的培养创新人才的内容设置。该内容根据学生兴趣和特长,因材施教,设置相关拓展型课程供学生进行选择,大力提倡启发式教学,努力把探索、创新、个性化学习的时间和空间还给学生,最大限度地为学生自主化、个性化发展提供选择,提高学生的自我规划和自我约束能力,充分发挥学生的创造力,发展学生的个性特长。目前,上海交通大学附属中学根据学生需要开设的拓展课的精品课程有"动手学化学"、"数悉欣赏"、"计算机 AP 课程"、"LEGO 机器人技术"、"中学物理奥林匹克竞赛实验"、"活出精彩的生命"等等。此外,学校通过聘请大学教授、学者通过专题讲座、授课等形式对学生进行创新素养的培养和教育。与此同时,学校校内也开展各类科技活动,校外参加各类科技竞赛,为培养学生的创新能力提供平台,并将学生的研究成果作为重要的评价因素,纳入综合能力的测评。

人生规划模块。 人生规划模块是根据学生进入大学后存在的问题而专门设置的。中国的高中通常被社会公众定义为"为各级各类高等院校培养和输送考试合格的新生"的预备"养成所";这种角色定位,首先带来的是对于高中学校教育目标"唯考试化"与"唯成绩论"的认同,形成了高中教育"目中无人"的缺陷,部分大学附中在此大背景下也是受其感染。这涉及高中教育的定位,围绕当前高考设定的科目课程,与学生未来大学所学的专业、将来步入社会所从事职业工作之间存在怎样的关系?这些高等教育入学考试的内容,也就是当前学校的核心科目是作为共有的人文修养,还是作为各自未来专业的基础?或者更进一步讲,在学生的整个专业发展历程来看,高中教育应该处于怎样的阶段,履行怎样的角色?

这种模糊的定位还进一步延伸到高中教育与大学教育的人才培养方面,如高中进入大学后生活环境、学习内容、理想目标、兴趣爱好、人际关系以及角色的转变等方方面面。笔者连续三年对上海某知名高校学生工作处进行访问,并与多名经验丰富的新生班辅导员、前后 126 名大学一年级新生进行了深入的访谈,发现有如下一些突出的问题。

(1) 学习过程的不适应

从访谈上看,主要体现在学习心态、学习目标、学习动力、学习方式等方面。如在学习心态上,之前在中学都是"天之骄子"、"鹤立鸡群",而现在进入大学,同学们都很优秀,自己之前"高人一等的优势"就不再明显,沦落为不起眼的"芸芸众生";学习的直接目标上,高中阶段学习目的直接而单纯——就是能够进入理想的大学;进入大学后,短期内未形成新的目标,出现"目标真空"的状态;在学习动力上,部分学生对所学的学科不了解,专业与自身兴趣不符,同样使得学习动力不足;在学习方式上,死记硬背普遍存在,不会将知识系统化,形成对学科的整体性认识;不会对学科作详尽的资料搜集或深入研究,进而形成新的观点……

(2) 教育过程的不适应

在调查中我们发现,高中教学以教师为主导,上课的针对性极强,老师管得很细,学生有教材,课后有习题,学生习惯"填鸭式";而大学教学着重培养学生的自学能力,要学生具有独力思考和研究学习,课程多、任务重、难度高,学习方法的独立性、分析性增强,理论联系实际、学以致用、解决实际问题都是对学生的巨大挑战。由于学生的综合概括思维能力不强,在大学里边听、边记、边思考的课堂学习时常感到"进度太快抓不注重点",同时教师讲课不拘泥,比较抽象和概括,且风格各异,学生与教师对话少,不能及时解答疑难,学生对大学课堂教学更加不能适应。

(3) 生活环境的不适应

对于大多数独生子女而言,中学时代生活中的许多具体问题都由家长料理,而现在"第一次真正离开家乡、父母走出家门",面对新学校、新集体、新学友、新的学习生活、新的学习方法,还要接受新的思维方式……生活中的一切都要由自己安排,学习生活具有较强烈的独立自主性。依赖性和独立性的反差使得新生"对以往生活方式的怀念和留恋……对新的集体生活,环境和角色的变化一时难以适从",并打破了他们先前对大学生活的所有的浪漫幻想,孤独情绪、怀旧情绪,对陌生环境、新生事物的紧张情绪油然而生。同时,面对如何科学有效地合理安排大量的课余时间也同样是大多数新生面临的重大问题。

(4) 人际关系的不适应

新生都具有交友的迫切愿望,但实际交往却困难重重——初次离家、失去亲人父母呵护的情形下独立的大学生活,使他们感到"失落、挫折"。同时分析大学新生的交往范围可以看出,他们注重同代之间的交往,很少主动参与代际之间的交往,也就是说这个年龄的学生人际交往中有"代沟"现象。同时对于自我、他人认识上较幼稚,看到自己的优点和长处,却不能足够地认识到自己的缺点和不足,体现在自我认知的情绪上走极端——自负自卑得意失落交织;评价他人也往往"吹毛求疵,见瑕不见瑜",这种不完善的世界观、人生观与思维方式对于新生的学习生活状态与情绪都将产生负面影响。

以上调查所呈现的结论反映出了高中生在进入高校后诸多方面存在着问题,高中与大学只有在共同协商并针对以上问题相应作出改革,才能有效地消减新生进入大学的巨大落差与不适应,才能使大学教育在学生入学后最短的时间内有效地开展。

5. 课程实施

在课程的实施方面,全体学生必须完成国家规定的必修课程。而创新人才培养课程采用微型选修、短选修、长选修、专题讲座等方式,将"基础型、拓展型和研究型课程"与"创新人才培养课程"按照比例大致为 2∶1 的方式编排。但"科技实验班"的学生在课程安排方面同平行班同学的课程安排有一定的区别,最主要体现在丰富了"创新人才培养课程"的教学内容,加大了培养力度。"基础型、拓展型和研究型课程"同"创新人才培养课程"的比例接近 1∶1,"科技实验班"在上述课程中实行"导师制",适当开设大学通识科目、进行专业项目研究(专题研究)、加强科学实验。

在实施序列上高一年级以微型选修课、短选修为主,注重人文素养教育;高二年级增加长选修课和社会实践,注重科学素养教育;高三年级以微型选修课为主,注重人生规划教育。微型选修即讲座(每次 2 课时);短选修(每周 2 课时,一学期共计 32 课时)每学期每位学生可以选 4 轮不同的课程(项目),每门课上 4 周,共 4 个轮次;长选修(每周 2 课时)一般采用一学期一选的模式。这些选修课旨在培养学生的学科兴趣,增加对学科的认同感,帮助学生由对学科的兴趣转化为志向、志向进而再转化为志趣,为进一步深入探索、学习和研究打下良好的基础。

为了满足不同层次的学生对于课程的需要,针对不同学生培养提供了不同的课程体系。主要包括专门针对科技创新实验班开设的"实验班课程",以培养多技能性科技人才为目标与上海信息技术学校合作开展的"实践课程",满足其他特长学生的兴趣与高校合作开展的"虚拟课程",包括上海财经大学经济班、上海交大医学院口腔医学班、同济大学苗圃班、华东理工大学化工班等。

附：上海交通大学附属中学与上海财经大学合作开展虚拟课程概要

"虚拟课程"主要是为了满足那些具有特长的学生需求而与高校合作开设的课程。这些同学平日里都在各自行政班上课学习,每周在固定的时间有高校的专家来校教授专业知识,此时这些同学会组合在一个班级进行学习、探究。

关于高校"虚拟课程",以上海财经大学为例,上海交通大学附属中学高二学生根据自己的兴趣爱好(结合高一时候进行的生涯指导)对高校的专业进行初步认知,然后开始报名参加各高校的兴趣课程班(例如上海财大的经济班),参加兴趣课程班的同学要接受财大金融系教授开设的10次讲座。10次讲座之后,财大教授结合专业情况对学生进行综合面试,面试通过者进入财大的夏令营,不通过则要退出。财大夏令营结束后再进行一次教授面试,通过者开始进行高校的预修课程,每周2课时,纳入高校的学分体系,不通过者也要退出。经过2年的实践,首批财大"虚拟课程"班报名的同学中,已有50%的同学(20余人)已开始进入高校预修课程阶段。具体请参照图6-2。

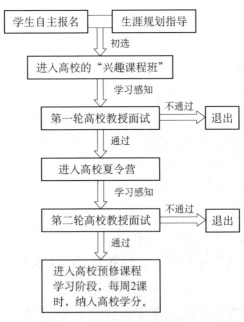

图6-2 高校"虚拟课程"运作图

第三节 教学活动——附中与大学深度合作的日常抓手

创新人才的培养,需要特色的课程的支撑,也需要教学方式、评价方式以及保障上的创新。

一、创新人才培养的教学模式

创新人才培养主要是组织学生在各自选择并被认定的特长领域进行研究性学习。学校开设的"创新思维技能"选修课上,学生在导师团的带领下,依据自己所选择的专题、项目有针对性地开展自主研修、专题研究、项目设计。学生的学习过程就是利用导师提供的资源自主进行研究,并不断反馈自己阶段性的学习成果和产生的问题,同指导导师以及相关专业研究人员之间进行互动交流,形成双向式教学。着力训练学习能力、观察能力和探究能力,重点培养学生发散性、形象性、逆向性等思维品格。在创新人才培养过程中有效利用学校新建的实验设备、图书馆、网络资源以及大学的实验资源强化学生自主实验的环节,充分发挥学生的创造性。同时,与世界各地友好学校的中学生开展网上交流、协作研究等活动,培养学生的自主创新能力。由大学教授与中学教师共同组建的导师团对学生的研究成果进行鉴定,主要为三个指标:科学性、新颖性、实用性。在学校或更广泛的层面作汇报交流,起到示范和辐射作用。

二、创新人才培养的评价体系

由于"创新人才"培养过程的综合性与长期性,对学生的评价机制也要从根本上改变传统的"一考定终身"——将考分作为衡量教育质量和招生录取唯一依据的做法,注重学生的全面发展和个性特长的发挥,注重学生的知识结构、思维能力、研究能力和专业发展能力。学校通过专业的评价,对学生在整个大学附中阶段以及本科及之后的学习过程和发展情况进行跟踪研究,统计出毕业生人生发展的相关信息,根据这些信息对我校的培养模式的理论以及实践不断进行调整、改进和完善。目前学校"科技实验班"的教学评价方式主要是由导师评价(学习过程、学习态度、学习成效等)、同学评价(学习能力、合作精神等)和社会评价(作用、影响力等)

构成。该评价机制应该随着整个培养模式的调整不断作出改进和完善。所以,对学生的评价机制应该是一个对培养对象和培养模式进行研究、实践并不断改进的动态的发展过程。

在上述观念的指导下,上海交通大学附属中学在研究创新人才课程评价体系时,根据人文和实验课开设的现状,初步形成了人文类研究型论文和实验类课程两个评价量表(见表6-4、表6-5):

表6-4　人文类研究性论文评价指标

评价指标(权重)	好(8—10)	一般(5—7)	需要改进(0—4)	自评	组评	师评
能否正确理解课题内涵及要求(10分)	能完全正确理解课题研究的内涵及要求。	对课题的内涵和要求理解片面。	理解有失偏颇,脱离课题的研究实际。			
能否按照操作流程进行课题研究?(20分)	能非常标准地按照课题研究流程进行研究,数据详实,分析准确。	能按照课题研究流程进行研究,数据较为详实,分析比较准确。	不能按照课题要求进行课题研究,数据采集不科学,方法不妥当,分析不完整。			
学习过程中是否有较强的搜集信息和处理信息的能力?(20分)	能有效查找信息并能合理处理信息。	信息查找不够完整,处理信息的能力还不强。	信息量不足,导致很难作出正确理解。			
学习过程能否体现合作精神?(20分)	过程中参与度强,搜集资料丰富,并能与小组成员共享。	能较积极参与到小组合作交流过程,能提供一定量的信息。	提供的信息量较少,缺乏合作精神与研究的能力。			
论文中能否形成自己独特的评价观?(30分)	论文内容翔实,有理有据,能提出独立的见解,有参考价值。	论文内容尚可,观点的提出较为合理。	观点较模糊或有失偏颇,尚缺乏一定的史实依据。			
总分和评语						

表 6-5 实验类课程评价指标

创新素养 (评价项目)	评价内容	好 (8—10)	一般 (5—7)	需努力 (0—4)	自评	组评	师评
好奇心	对新异事物有好奇心和兴趣。						
求知欲	能主动扩充知识视野,探求新旧知识之间的联系、矛盾与冲突。						
问题意识	能积极主动提出问题。						
洞察力	善于发现问题,能通过现象看待本质。						
专注力	能排除干扰,抓住核心问题,保持对任务的专注度。						
质疑品格	对没有经过自己验证的结论敢于质疑。						
自信心	无论面对何种情况都能保持充分的信心。						
冒险精神	对于新问题、新情况敢于挑战。						
抗逆力	对于困难等勇于克服。						
独立精神	能坚持自我的观点,独立完成某项任务。						
合作精神	能善于同他人一起合作解决问题。						
批判精神	能结合实际情况客观、辩证地分析问题。						
判断力	对研究的问题能有正确的判定或预判能力。						
责任心	能有责任意识,敢于担当重任。						

需要作出说明的是:上述量表是上海交通大学与附属中学共同研制的创新人才培养课程实验过程中针对科技类和人文类课题研究的量表,只能对其中的某一方面做出评价,并不能涵盖创新人才培养的评价体系。我们认为不可以片面的眼光来看待,否则会形成评价的短视,从而造成评价的失误。

三、创新人才的甄别选拔途径

"创新人才"的培养,必须立足于全体学生,但可以点面结合,学校与上海交通大学合作创设的"科技实验班",主要对学生进行创新思维的训练和创新能力、创新精神的培育,使学生的创新素质能得到显著提高,为进入大学进一步深造和以后的长远发展奠定基础。

对"科技实验班"学生的选拔,学校突破了一般意义上的"尖子"选拔与再加工的旧方法,尝试一种新的选拔模式。每年7月底,新生分班考试后,上海交通大学会派出20多位教授、专家与我校老师一起,对申请者进行严格的面试。学校重点关注上海市搭建的各类中学生科技竞赛(见表6-6)、科学实践活动等平台,旨在选拔一批综合能力较强、创新潜质突出、具有特长的学生作为重点培养对象,与上海交大合作进行对口培养。

表6-6 上海市各类科技竞赛、科学实践活动简表

A类竞赛	英特尔上海市创新大赛
	中国上海头脑奥林匹克创新大赛
	上海市青少年"白猫杯"应用化学与技能竞赛
	RoboCup世界杯青少年组中国赛区上海地区选拔赛
	中国青少年机器人竞赛上海赛区选拔赛
	上海市"上师杯"青少年(初中)物理实验竞赛
	上海市青少年创造发明设计竞赛
	上海市雏鹰竞飞计算机应用能力竞赛
	壳牌美境行动方案实施
	上海市未来工程师大赛
B级竞赛	上海市头脑奥林匹克擂台赛
	"西郊百联"杯欧洲直选赛
	华东青少年机器人联赛
	上海市青少年车辆模型竞赛
	全国青少年无线电通讯锦标赛上海赛区预选赛
	上海市机械奥运比赛
	上海市金钥匙系列活动——创意征文与创意作品竞赛

续　表

学科类竞赛	"华罗庚金杯"数学邀请赛
	"希望杯"全国数学邀请赛
	"新知杯"初中数学竞赛
	"中环杯"中小学生思维能力训练活动决赛
	上海市"大同中学杯"初中物理竞赛
	上海市"天原杯"初中化学竞赛
	初中生科普英语竞赛

同时,学校和交大教授、专家一起,对优秀学生进行基础知识的测试、科技技能测试和面试(面试目的、内容与形式见表6-7),对其进行了解和考查。

表6-7　上海交通大学附属中学创新测试项目表

项目	基础知识测试	科技技能测试	面试
目的	了解培养对象必要的基础知识储备	了解和考察培养对象创新意识和动手能力	了解和考察培养对象的情感、思维表达、团队协作等情况
内容	数学、外语、物理、化学	动手实践能力测试或科学研究基本素质和能力的考查	设计各类讨论题,以科技知识为主
形式	笔试、英语口试	个人设计、制作或以设计的相关问题进行测试	无领导座谈

综合以上几方面考查结果,在学生自愿的原则下,最终确定出综合素质优秀、创新潜质突出、具有特长的同学进入"科技实验班"学习,作为创新人才重点培养的对象。需要说明的是,上海交通大学附属中学与上海交通大学对学生的学业水平和创新能力与创新成果要进行全方位的跟踪考察,在培养机制方面形成必要的流动,培养对象并非固定不变,会根据其实际发展情况进行调整。"科技实验班"学生在完成高中学业后,大部分通过上海交通大学的自主招生,进入交通大学进行深造。

四、生涯指导课程与教学的设计

如前所述,生涯指导对高中生未来的发展具有重要指导意义。近年来,上海交大附中把生涯指导作为一门重要课程来开设,并在教学方法上进行了大胆的改革。

教学内容包括社会实践、责任感教育、择业与创业理想教育等,是以可持续发展为主的培养创新人才的内容设置。学校搭建全方位的社会实践和创新能力培养的平台,在市教委和市信息委资助下,构建和不断完善"学生生涯自主发展规划"信息系统。其目标是对学生的兴趣、爱好、生活环境、心理、能力倾向等进行测评,为学生今后从事的职业进行预测,帮助学生自主选择学校课程和自修课程,根据学生的升学专业意向和未来职业规划所需的知识结构和要求,帮助学生设计课程方案和学习策略,让学生了解各专业对学生应具备的素质等方面的要求,在形成专业志向的基础上,指明自主发展方向;同时让学生了解各大学所培养的名人,了解科学家的成长历程以及他们为社会发展作出的贡献,为学生树立人生榜样。此系统已发展为区域共享的、伴随学生人生发展过程的信息系统——"生涯发展规划平台"。学校通过"人生规划指引专题课程"、"从中学走向大学"、"择业与创业"等课程的开设或讲座,让我校培养的学生能在中学期间就对自己的兴趣、爱好、个性、能力有所了解,知道自己以后将从事什么职业,并对这一职业和涉及的专业进行一些探索和研究,得到可持续发展。另外,充分运用已搭建的"模拟社区"这一平台,在培养学生自主参与、自我教育、自我管理、自我发展、自我实践能力的同时,不断发展和完善"学生模拟社区",更好地培养学生自主创新能力。学校引导学生走向社会进行社会考察和社会实践活动,从中培养学生的社会实践能力,观察事物的能力,收集信息的能力以及探究能力。学校注重发展学生社团,培养学生爱好和兴趣,给学生自由发展的空间。

生涯规划教育是发展性的教育和引导,对学生实施的辅导具有系统性的优势。生涯规划贯穿于整个高中阶段,针对三个年级不同班级和学生的独特发展目标,采取有针对性、分阶段、多层次和多元化的教学方式来开展。

高一阶段是"生涯认知"的重要时期,通过每班每周一节正式授课的安排(每节课都有一个主题),采用体验式、互动式的形式,对学生生理健康、心理健康、生涯规划等内容进行授课,从而帮助学生尽快适应大学附中学习和生活等各方面,促进学生身心健康和谐发展。

高二在认识自我的基础上,以"生涯探索"为主旨,注重培养和锻炼学生的沟通、领导、判断等综合能力素养,帮助学生理性选科。通过"能力拓展活动"、"成功学"等和生涯相关的选修课、主题班会、社团、课外调研等社会实践活动,让学生走近社会、了解社会；充分整合、利用整合家长、校友、社区等社会资源，进一步提升学生专业探索能力、树立人生发展目标和理想信念。

高三作为最后一年，有着特殊的学习和生活状态，就复习迎考、自主招生、填报志愿、升学就业、生涯决策等专题展开一系列以"生涯选择"为主题的活动，采用"请进来、走出去"相结合、大学附中和大学相互合作的方式，通过举办个体咨询、中型沙龙研讨、大型讲座报告辅导等活动，根据每位学生的具体需求，进行个别辅导，提供个性化、差异化的意见和建议，帮助学生形成初步的生涯决策能力。

附：上海交通大学附属中学生涯工作大事记

高一：

9月，校友的讲座：交大附中，你的新起点

9月—10月：心理测试；

10月：心理测试报告出台；

11月—次年1月：心理甄别访谈；

12月：高一新生在"理想墙"上写下自己的理想目标；

次年1月：生涯活动调查问卷(1)；

1月：针对家长讲座：让孩子更愿意与你沟通；

4月：大学教授报告：时代、人生、追求；

6月：生涯活动调查问卷(2)。

高二：

9月：大学教授作职业经历分享的讲座；

10月：家长进教室，开展"亲子面对面聊职业"活动；

11—12月：拍下"我眼中的职业"；

次年1月："我眼中的职业"主题班会分享；

4月：高中生涯发展教育系统分科倾向测试，以及分班的团队活动；

5月：校友报告：用一年的时间，做一生难忘的事；

5月："我理想中的大学"主题班会分享；

6月：部分同学参加复旦大学、上海交通大学校园开放日活动。

高三：

9月—10月：复旦大学、交通大学优秀校友经验分享；

12月：大学教授高三同学做心理讲座——如何调整高三学习心态；

次年1月：生涯全天大活动：一场励志电影、一场讲座——高校自主招生辅导；

2月：心理危机干预

3月：心理沙龙：针对高三部分有需要的同学进行考试焦虑缓解的辅导；

4月：校友讲座：选择和比选择更重要的。

第四节 教师互动——附中与大学深度合作的基本保障

大学与附中的深度合作离不开教师的互动。上海交大附中的"创新人才培养"项目实施首先依靠的是以上海交通大学的教授（参见表6-8）、专家为主体，其他各大学教师、各研究所研究人员、科技站工作人员、校友团等共同参与创新人才培养的专业师资队伍。

表6-8 2012年下半学期上海交通大学教授来校讲座名称

日期	讲座教授	讲 座 名 称
9.14	季向东	暗物质直接探测实验
9.21	胡锦涵	创新人才培养
9.28	谢友柏	立志做一个科学家
10.12	徐海光	暗物质
10.19	严燕来	盖娅理论与全球变暖
10.26	俞正樑	当前国际形势和热点问题分析
11.2	王文华	与环境友好，你准备好了吗
11.16	陶庆	英语学习的方法
11.23	明新国	推进21世纪先进组织模式——精益企业管理
11.30	施文康	现代仪器科学与技术

续　表

日期	讲座教授	讲座名称
12.7	陈卫东	机器人的过去、现在与未来
12.14	宋宝瑞	漫谈应用数学与数学建模
12.21	吕恬生	创新意识和创新能力培养
12.31	张志刚	嵌入式系统
1.4	褚建军	如何进行科创选题

在充分开发利用校外师资力量的同时，学校多年来开展了多种形式的教师培训工作，通过培训更新了教师观念，增强了教师责任感，拓展了教师视野，提高了教育教学能力，使广大教师不断增强创新意识和创新精神，提升创新思维能力，增强创新胆略，提高创新教育技能和创新教育艺术。学校鼓励教师赴国内外名校进修，参与社会实践，把握学科发展前沿信息。以增强创新思维和创新教育能力为重点的本校教师培训形成了一批创新型教师团队和领军教师。

当然，既然是互动就不可能只是单向的影响。大学教授以其精深的学术素养与对科学执着的追求，给附中教师带来了学习与发展的冲动与激情，附中教师普遍感到，大学教授来校座谈与讲课，每次对他们都是一次精神的洗礼，带给他们新的动力。

不过，大学教授们专注自己的学科领域，一般对教育教学理论并不过于关注，他们的教育教学经验大多还来自自己培养学生的感受，或者自己做学生时的体验。这些年，由于我国，尤其是上海基础教育改革的迅速发展，无论在教育与教学理念上，附中的教师都有了极大的改变，对世界主要教学流派的趋向，都有了一定程度的了解。

出国考察，附中教师关注的是国外的课堂有什么变化，这些变化的背景与理论基础，而大学教授外出考察则关注的是本领域最前沿的研究课题。可以说，与附中教师相比，大学教授对国外教育教学理论，对国外教育改革发展的动向与趋势的了解还有所欠缺。

第五节　资源互通——附中与大学深度合作的支撑条件

客观地说，我国现在的大学，尤其是985大学与211大学的硬件设备都是非常高大上的,问题在于这些条件与资源是否能得到充分的利用。

附中利用大学的这些条件从大学本部来说是极其欢迎的,并且受到政府教育行政部门的高度赞扬。但是,随着这些年大学新校区的建设,校址越搬越远,这就给附中利用大学资源带来了一定的困难。

为迎接这一挑战,这些年,交大附中在大学的支持下,主要通过信息网络与上海交通大学实现资源共享、通过国际友好交流获取教育资源和开发利用社会与大学教育资源三种途径。

信息网络资源共享方面,学校的《普通大学附中走向现代化教育创新人才培养的信息化平台》的课题获得上海市政府批准,并获得352万的资金支持;在学校信息化建设方面取得突出成绩。学校将网络教室与上海交通大学实验室网络进行对接,附中同学在开展实验活动中遇到相关问题,可以通过视频即时与上海交通大学实验室专家取得联系,得到上海交通大学专家的"面对面"指导。

利用国际资源方面,学校已与澳大利亚、新加坡、日本等国外著名高中建立起友好关系,通过建立分享平台,实现多向交流和资源共享,并进行成果展示和评价等,逐步建立创新教学联合体,形成跨学校、跨区域、跨国界的信息资源与研究成果的交流和分享,在实践中不断拓展学生创新视野和提高专业研究能力。

利用大学资源与借助社会力量方面,学校的创新人才培养得到了社区和家庭的支持。同时,各类文化博物馆、历史陈列馆、社会专业机构、网站、电视广播节目、书刊出版单位、讲坛也积极参与到学校的创新人才培养活动中。大学部分课程、专业课题、前瞻性研究和前沿性学科等资源被有效利用,社会研究机构和研究人员前沿学术资料得以分享,新的研究方法和社会文化知识被直接引入到附中的课堂中。表6-9展现了2011年底到2013年中期,上海交通大学附属中学利用学生家长及社会资源开展的"仰晖讲坛"前20期的演讲人及演讲主题,且该项目已经实现了常态化。根据学校统计,截止到2015年底,"仰晖讲坛"已经开讲52讲,赢得了学生的极大好评,这在创新人才培养效果统计分析中有相关的数据论证。

在保证师资数量的基础上,学校还注重加强对于教师工作质量的评价,除对于本校教师的教育教学工作与辅导学生的工作质量制定明晰严格的考核标准外,学校同样将课外聘任教师的管理进行了严格规定,以管理促质量。以学校的社团指

表6-9 2011至2013年间"仰晖讲坛"一览表

场次	时间	主讲人	演讲主题
1	2011.12.16	王庆宇	21世纪全球半导体产业面临的高科技挑战
2	2011.12.16	齐虹	现代仪器与科学本质
3	2012.2.24	陈翌	汽车的发展之路
4	2012.3.9	谢晶	我国食品安全的现状、发展与思考
5	2012.3.23	邵宏磊	走进理财
6	2012.4.27	白宾	白宾老师的奋斗历程
7	2012.5.11	刘艳晨、郭严文	规划人生,迈向成功
8	2012.6.1	"四大名校"学生	上海市名校高中生论坛
9	2012.9.21	张婧屹	"尝试"、"兴趣"和"未来"
10	2012.9.28	何岚	"天更蓝,水更清"的环保知识讲座
11	2012.10.19	周丕光	"健康从齿开始"——青少年口腔自我保健和牙病防治知识
12	2012.11.2	王婷	风险投资与金融股本
13	2012.11.30	殷卫海	创新的意义与战略
14	2012.12.14	栾菁	痤疮的预防及治疗方法
15	2012.12.21	钮汉章	2012:中国与世界——国际热点问题的中国视角
16	2013.1.15	张东	石墨烯
17	2013.3.8	彭勃	从全球视野看中国崛起
18	2013.3.22	唐玉宁	目标设定与自我激励
19	2013.4.7	刘毅	我国航空航天技术的发展
20	2013.5.3	胡少泉	学业、就业、执业

导教师开发为例,在学校师资不能充分满足同学们多样化的社团活动需求的情况下,学校通过外聘高校专家学者、社会人士和学生家长担任学校的社团指导教师。如何保障教学系统外师资的质量成为必要的研究课题,为此,上海交通大学附属中学开创性地制定了《上海交通大学附属中学学生社团指导教师管理条例》,明确社团指导老师的责任与义务,保障了学生社团活动的质量,以管促教的寓意明晰可见。

附：上海交通大学附属中学学生社团指导教师管理条例

学生社团指导教师是指导学生社团开展各类活动,保证学生社团健康发展的教师,对学生社团肩负着思想教育、业务培训、组织建设的指导工作,是学校学生社团正规化建设的必备条件,是对全校学生开展素质教育的一个重要手段。为此,制定本条例以实现学校社团管理活动的科学化与规范化。

一、聘任条件

1. 忠诚教育事业,具有高度的责任心和奉献精神,品德高尚,关心学生成长,热爱学生社团工作。

2. 具有较丰富的专业知识,在社团发展所需专业领域或相关领域内有一定造诣或对该社团的发展具有很大的兴趣,并能对该社团的发展提出建设性意见。

3. 具有一定的学生工作经验和组织活动能力,熟悉学生社团工作。

二、工作职责

1. 关心学生社团的发展,指导学生社团制定工作计划并做好相关工作。

2. 指导学生社团的组织建设、章程制定及修改。

3. 每节社团课准点进入社团活动场所,指导社长进行课堂考勤。

4. 课前认真准备,组织学生开展丰富多彩的社团活动。

5. 了解学生社团成员的思想动态,关心社团成员的成长,加强与校团委的联系,能够维护学生社团利益。

6. 指导做好社团考核及各种评优评先工作。

7. 做好每月的社团报销工作。社团活动经费可凭正式机打发票在每月5号至25之间向学生处和团委报销,过时视为放弃本月报销。

8. 每学期组织社团学生至少进行一次汇报演出或上交一份社团集体作品(形式可多样,如：设计的作品、杂志、访谈录等等)

9. 认真做好社团课教案。

10. 如指导老师需邀请校外专家和辅导老师进校指导,或带领社员外出活动的,至少需提前两周向学生处报备,获批准后方可施行。外出活动时,指导老师必须全程陪同。

三、聘任程序

1. 社团聘请的指导教师须经学生社团提名,也可由本人申请,校团委审核批准备案。

2. 经校团委批准的学生社团指导教师需填写《学生社团指导教师登记表》。

3. 原则上每位老师只能接受一个社团的聘任。

4. 学生社团指导老师每届聘期1年,聘期届满时,续聘及改聘工作按上述步骤进行。如遇特殊情况需解聘的指导老师,由学生社团或指导教师本人提出,经校团委批准。

四、薪酬考核和奖惩制度

(一)薪酬

社团活动作为拓展型课程,指导老师需认真积极对待,学校根据教师工作量以30元人民币/节的基础标准发放指导津贴,由学生处每月核发。

(二)考核及奖励

1. 所有原有社团在学期初均为二星社团,新开设的社团为一星社团(一学期的考查期),学校根据教师工作量以30元人民币/节的基础标准发放指导津贴,由学生处每月核发。

2. 校团委在每学年的第一学期末对社团进行考核,按四大类分类情况(文化艺术类、体育健身类、学术科技类、社会实践服务类),从社团内部建设、活动开展情况,取得成绩情况和配合度情况四部分进行考核。

五、附则

本条例由校团委负责解释,自公布之日起实施。

开展创新人才培养,需要实验设备保障。为了满足学生科技创新的活动需要,在整合学校现有的实验资源的基础上,学校借助上海交通大学师资优势加强各类专项实验室建设,已建的实验室有数字互动生物实验室、电子工作室、物理创新实验室、化学创新实验室、机器人工作室、头脑奥林匹克活动室等等;正在建设微生物实验室、植物培养实验室;筹建分子实验室和嵌入式实验室等前沿实验室,学校将这些实验室进行统一管理,成立"实验中心",在学生进行创新活动的过程中,提供实验经费的保障,每年由校方拨出一定资金,同时还有上海交通大学和社会力量的经费资助,实行专款专用。

附：上海交通大学附属中学"实验中心"项目建议书

建设"实验中心"的目的在于整合学校的科学与技术实验资源，针对学校以科技创新教育为特色的发展方向而建立的一个硬件和软件的平台。其核心为把"学习实验"和"实验学习"的概念通过"实验中心"的科学管理和高效运作贯彻到学生的内心深处，改变学生对于"实验"的认识，内化成一种学习理念和创新原动力。通过"实验中心"的平台，从改变实验室教师的工作方式入手，逐渐影响全校的教师在常规教学的模式中寻求创新，以引导学生开展探究性学习作为自身的职业追求，成为我国教育现状的革新者。

一、基础建设

1. 通过建立"实验中心"，创设集中办公环境，将各个学科实验教师的工作整合起来，为学科间的实验结合和整个"实验中心"的集中管理营造空间，此外，将各个学科的基础、拓展和研究实验内容进行统计、整合和管理，进一步为学科实验的发展形成集中研发的模式。

2. 为实验楼补装货运电梯，目前实验楼的资源分布以学科为界限依照楼层划分，每个学科的实验设施相对集中，这便于学科内部实验内容的实施，但是却给学科间的融合造成了一道屏障。因而，在每一楼层的规划中都存在相似功能且利用率受限的房间，而货运电梯可以让各个学科的部分演示实验、学生实验设备得以交流，在科学管理的基础上，利用率可以大大提高。

3. 利用实验楼的走道，开放区域设计橱窗、作品展示角、留言板、讨论答辩室、资料查阅室和会客室等辅助空间。所有辅助空间设置的原则是营造科技学术氛围、方便学生活动和便于管理。

4. 规划新的实验资源，其宗旨在于在满足目前教材内容的学生实验和演示基础上，增加学生自主性强的专项实验室，这些实验室的目的在于引导学生在科学技术的某一个领域探索并在一定程度上满足学生探究性实验的需求。

二、团队建设

1. 以目前的实验员和劳技、科技教师组建"实验中心"团队。

2. 通过招聘和校内教师流动逐渐完善团队。

3. 与各高校（上海交通大学、复旦大学、同济大学、上海财经大学）和科技创新企业（NI、Google、Microsoft）进行实验室共建，在校内将该类实验室落实到人，利用各种技术资源在实验中心内部对于学生的科技创新想法进行孵化,对于教师的职责要求和职业规划也从传统教学逐渐向"教、研"进行转化。

三、课程和活动资源整合与发展建设

1. 统计各学科现有的学生实验、演示实验、拓展实验和探究实验,在提高资源配置效率的原则下进行整合。

2. 增加学生自主探究实验的实验室建设方案和实验活动方案,这些实验必须由学生自由选择,经历自然淘汰,最终被实验中心所确认。

3. 建立"学生实验管理及选课信息平台",所有可以进入实验管理平台的实验和活动内容都是被"实验中心"所认可的,学生在选择它的同时获得实验经历之外,也获得学校教学管理部门的认可。

第六节 深度合作的成效检验

理论探讨也好,实践探索也好,究竟效果如何才是检验实践与理论的标准。学校与大学合作培养创新人才的成效检验是所有实验项目遇到的难题,从创新人才培养动态角度看,高中阶段只是创新人才成长的一个阶段,学生今后可否切实成为创新人才难以衡量。为此,本研究也只是从与大学合作培养创新人才的实验班建设、学习方式变革、教学方法创新、课程建设经验和调查高校的校友评价来论证该研究的相关成效。

一、实验成果的展示

成果展示主要集中于 2012 届、2013 届和 2014 届科技实验班的"点"上的创新成效和科技实验班的科技创新活动对于全校"面"上的辐射作用。

1. "科技实验班"创新教育成果

将一些具备创新潜质和创新素养的同学集中在一起,这并不是简单的人员重组,而是涉及学习方式转变的问题,让这些具备创新潜质的同学聚集在一起,可以让同学们在自己独立的空间自主探索,更重要的是他们可以在自主探索中相互激发,最终形成良好的团队研究氛围。从科技创新活动的获奖情况看,科技实验班的团队获奖比例一直在提高。表6-10展示了2012届科技实验班的科技创新部分成果。

表6-10 2012届科技实验班同学科技创新获奖(部分)

姓名	比赛	成绩
谢珂	头脑奥林匹克(飞行表演高中组)	团体全国第一名
杨异玄	头脑奥林匹克(飞行表演高中组)	团体全国第一名
李书砚	头脑奥林匹克(飞行表演高中组)	团体全国第一名
周文媗	头脑奥林匹克(飞行表演高中组)	团体全国第一名
周文媗	中国青少年机器人竞赛上海赛区 VEX	团体市二等奖
唐瑾旸	头脑奥林匹克(飞行表演高中组)	团体全国第一名
唐瑾旸	中国青少年机器人竞赛上海赛区 VEX	团体市三等奖
张洛西	上海市中学生迎世博英语大奖赛	市一等奖
黄昕	上海市未来工程师大赛	团体市二等奖
黄昕	中国青少年机器人竞赛上海赛区 VEX	团体市二等奖
庄子骏	中国青少年机器人竞赛上海赛区 VEX	团体市三等奖
晏敏宽	中国青少年机器人竞赛上海赛区 VEX	团体市三等奖
李俊颖	中国青少年机器人竞赛上海赛区 VEX	团体市三等奖
刘华典	中国青少年机器人竞赛上海赛区 VEX	团体市三等奖
陈焱浩、黄晓芙	上海市青少年科技创新大赛	团体市一等奖
李由、晏敏宽、刘华典	上海市青少年科技创新大赛	团体市一等奖
姚逸云、庄子骏	上海市青少年科技创新大赛	团体市一等奖
曹家骏、吴依凡	上海市青少年科技创新大赛	团体市一等奖
徐珺、李书砚	上海市青少年科技创新大赛	团体市一等奖

几年的科技班实验活动,学校2012届和2013届科技实验班科技比赛成绩已经硕果累累,而2014届科技实验班的学生的课题总量更是实现了更大的突破。比如,在2010年,科技实验班同学就获得了世界头脑奥林匹克比赛冠军!在2011年上海市科技创新大赛中,2012届科技班36人次获得一、二、三等奖。更值得一提的是,曹家骏、吴依凡两位同学,还获得了全国科创大赛一等奖,李由、晏敏宽、刘华典

三位同学获得了全国科创大赛二等奖;2012年上海市科技创新大赛中,2013届科技班38人次同学获得一、二、三等奖,潘阳同学还获得"明日科技之星"称号;林天成、张扬的课题获得最高奖项"科协主席奖",并参加全国科创大赛获得三等奖。这些成绩的取得,与学校一如既往地为创新人才的培养敞开希望的空间的环境打造有密切关系,在教育教学活动中着力激发同学在科学技术领域的创造天赋与兴趣,为同学们积极探索创设氛围。同学们在各项创新活动中培养了兴趣,锻炼了能力,增强了信心,树立了远大的志向。

科技实验班同学广泛的获奖充分表明在高中阶段进行科技创新活动是有必要的。2012届科技实验班与2013届科技实验班同学在科创活动中取得成绩的同时,更是带动了全校科技创新氛围的营造和提升,高年级科技班同学对低年级科技班同学帮助和带动作用效果也在日常交流中充分体现。

另外,对比两届科技班同学的选题方向不难发现,同学们所研究的领域主要集中在生命科学、物理、化学、计算机和工程等五个学科,通过几年的实践,同学们在自己感兴趣的领域有了更多的思考,有相当一部分同学有了明确的人生规划。如2013届的陶宇超同学通过科创活动明确了自己未来的方向,他决心报考交通大学的计算机专业,他利用业余时间进行了《高等数学》的学习和电子信息技术的学习,并出色完成了许多电子作品。

同时,大多数同学已经适应并认同了学校科技实验班的多样化的培养模式,由于思维品质的提升,同学们初步显示出了较强学科潜能,学生学习成绩与课题研究和其他创新实践活动形成了相互促进的良好局面。

2. 学校层面科技创新成果

近三年来学校无论是科技氛围还是竞赛成果都取得了很大的进步,科技氛围——日渐浓郁,科技创新特色不断凸显。以科技创新的主要载体——科技社团——的发展为例,参与科技社团的学生数量日益增多,参与学校三大科技特色社团的同学人数直线上升。如图6-3所示。

图中可以清晰反映出五年中参加三大科技特色社团人数的增加是非常显著的,这不仅是因为活动本身的趣味性和挑战性,还在于我校在这些项目上取得的成就也极大地鼓舞了学生们的参与热情。AMZOM社团自从2006年参加中国头脑林匹克创新大赛,通过每一届社团成员的坚持与努力终于在2009年首次获得全国

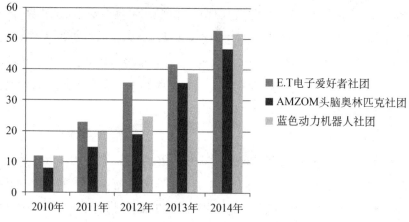

图 6-3 学校三大科技特色社团人数趋势

冠军,并于 2010 年勇夺世界冠军;蓝色动力机器人社团已有 12 年的建设历史了,连续两年获得全国青少年电脑机器人大赛(科协主办)上海赛区一等奖,并于 2011 年赴美参加世界锦标赛;E.T 电脑爱好者社团在近几年发展迅速,在 2012 年上海市高中生劳技电子设计竞赛(市教委教研室主办)中获得 2 项一等奖。除此之外,学校连续两年受邀参加"同济大学中学生结构设计邀请赛"蝉联总成绩冠军,6 名参赛队员也因此获得同济大学自主招生"校长推荐"资格。

学校创新人才培养的课程体系中有一个核心任务是要求学生在校期间完成课题式综合学习与实践课程,并提交至少一篇研究小论文。学校专门为学生的研究型学习设立了"课题式综合学习与实践"教研组,不但负责学生课题研究活动的组织和管理,还依托高校、科研院所和科普机构为学生的课题研究提供指导,经过多年的经验积累,目前已成为学校创新人才培养的重要组成部分。每年的学生课题数都有大幅提升。按照学校的创新人才培养计划,学校每年在高二年级上学期开始课题研究的立项、开题和研究工作,高二下学期末结题评审。统计 2010—2014 年学校高二年级同学课题的立项数(按照市教委规定,学校每年级招生总数约为 400 人),如图 6-4 所示。图中可以充分反映出学生参与课题研究的积极性逐步提高。还有一个统计数据是,在所有立项课题总数中,科技类课题占比 86.7%,远远大于社科类。

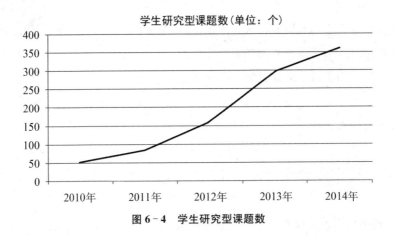

图6-4 学生研究型课题数

二、学习方式的变革

创新人才培养成效的衡量不能仅定位于看得到的量化结果,从学校开展实验以来,我们关注的还有在量化成果之外,学生参与科技创新活动后对其自身学习方式及态度的转变。

1. 积极探索的过程收获了良好的科学素养

创新活动中的科研课题研究让同学们的学习方式产生了重大转变。同学们通过研究课题,不仅了解了各方面的专业知识,更是掌握了科学研究方法,并将这种方法应用到学习上去。积极探索便是同学们通过创新课题研究收获的科学素养与品质。研究课题时,利用暑假和双休日时间从大学专家学者、图书馆、网络等多种渠道获取信息,不断探索,也在探索中成长。这样的积极探索精神沿用到了学科学习,同学们在学科学习上不仅仅限于表面知识,而更加注重知识的本质以及各知识点的联系。2013年底,媒体记者对学校实验中心的朱老师进行了一次深度访谈,他负责整个实验中心的建设。他说:

> 根据我个人的看法,在2009年之前,学校的实验室基本上是形同虚设,除了物理、化学和生物偶尔的实验课用一用,基本上都是空置状态。从2009年学校着重进行科技创新活动的实验以来,我明显感觉到学生自己进入实验室的频率有所增加。我们实验中心没有确切的数据统计,但是从实验老师的加

班表可以清晰反映出同学们的自主实验情况,老师们的加班情况伴随着学生的实验情况在不断增长。正常情况下,学校老师4:20下班回家,但这两年学生下课后反而更愿意到实验室开展自主实验,更有一些社团在晚自修,甚至周末还专门到实验室来做实验。我就曾经被一组同学拉着,一直在实验室熬到凌晨三点才回去。还有,实验中心周末也是基本上没有休息,教师要在实验室等待同学来实验。

这体现出学校创新人才培养大致实现了接受课堂知识到动手获取实践知识的部分转变。

2. 迎难而上敢于接受挑战成了一种品质

创新性的课题研究对高中生而言,并不是一件易事,再加上较为沉重的学业负担,如何高效完成课题研究并能兼顾校内课业,对高中生来说是个极大的挑战。但面临这样的挑战,同学们迎难而上,课题的研究过程中遇到困难时,没有自暴自弃,而是努力获取各方面的信息,尝试自主解决问题。当课题和学业相冲突时,同学们也都想方设法努力合理安排时间,以缓解冲突。这样的精神在今后的学习以及工作生活上也有很大的帮助,尤其是困难解决后的快乐让同学们觉得学习真的是一件很幸福的事情。2014届毕业生常同学和邓同学在访谈中说:

> 我们小组当时预想开展一个关于地铁环境的调查研究,起初的想法被指导老师程老师三个问题直接"唬住了"。他当时和我们说,上海地铁一共有20多条线路,如果要使得你们的调查研究有说服力,必须要做到地铁线路的全覆盖调研。你们有这个时间吗?有这个精力吗?家长同意吗?程老师的三个问题当时就把我们问住了。然而,我们并没有因为三个现实的问题而有退缩的心理。我和同伴商量好后,决定还是要开展这个研究。我们两个可以说利用了三个多月的时间,坐遍了上海的所有地铁线路,发放问卷1 200份,然后又将问卷挨个输入到电脑中。最终,我们在指导老师的支持下完成了这个地铁环境调查的课题研究项目,最终该项目还获得了上海市科技创新大赛三等奖。尽管没有拿到大奖,但我们更加看中的是这个研究的过程,我们克服了很多困难,对我们今后的学习很有帮助。

3. 自主探索，相互激发，共同进步成为共识

在学校，同学更多的时间并非面对老师，而是和自己班的同学待在一起。调查显示，虽然学校总体文化风格成形，但是具体到各个班级，班主任的带班方式不同，班级文化呈现出一定的差异，这是学生个性化发展的一种体现，但更体现出同学们之间的相互影响与相互制约，部分班级明显呈现出科技活动的高参与度，部分班级则极其善于体育运动等等。在开展科技创新实验的几年间，因为课题研究而推动班级集体研究氛围的班级越来越多，进而也推动了学校自主探索相互激发的文化氛围。正如2013届科技班李同学所说：

因为课题的缘故，大家变得特别亲近，并且在做课题中充分体会到了和同学互相帮助，互相激励，相互合作，互相影响所带来的极好的效果。我们班级有两个同学，王浩和李燃，他们原来成绩平平，平日里也没有闪亮的地方，只记得他们都喜欢看历史书籍。当年学校推进小课题研究，他们两个先是为了凑合完成任务，一起想了个关于学校道路旁边淞沪铁路的研究课题。因为课题研究的需要，他们变得熟悉，一起到淞沪铁路拍照片，搞测量，一起找铁路管理部门咨询相关事宜，最终形成了一个关于"淞沪铁路历史价值再探"的课题成果。我记得这个报告大概写了将近3万字，图文并茂，还获得了上海市科技创新大赛的一等奖。好像从那次获奖之后，我发现他们将在课题中那种积极讨论的学习方式运用到了课堂学习当中。两人互相促进，积极讨论问题，两人的成绩直线上升，还被班主任老师专门褒奖过。

4. 批判性思维成为了习惯

同学们在经过科技实验班各种教育活动的培育后，对问题的看法开始有了批判性的思维，也有了更加缜密的思考。原来同学们基本上是照单全收，习惯于接受老师所教的知识，可现在并非如此。上课总可以看见同学和老师积极讨论的场景，他们和老师、同学较量，激烈的争论激发出更多的热情。在读书的时候，也对书本上感到不解的知识点提出质疑，每次都要彻底弄懂才罢休。他们看问题开始变得理性、严谨，不再让感性占上风，批判性地看待问题，抓住问题要领，善于质疑辨析。

笔者对2012届科技实验班的班主任张老师(任教数学学科)进行了访谈,她说：

> 从高一入校的时候,科技实验班的同学与其他班级并无明显区别。经过一个学期的科技活动、课题研究活动,我发现同学们在上课的时候对于相关数学问题总会有自己的解题方法。有一次,我身体不舒服请了几天假,让教研组的一位年轻老师帮我带了几次课。后来我听说班级同学在课堂中对于一道建模题有不同的看法,而这种看法又没有得到任课老师的认同,于是就出现了对该问题的争论,这位同学将自己的思路想法一股脑抛出来,有理有据,最终发现与教参中的正确答案完全一致,代课年青老师当时极其尴尬。后期这位老师在和我交流中,说到他现在真是领教到了这群孩子的威力,俨然是大学生的学习方式。

相信这样的思维在今后的学习过程中起到的作用会越来越明显。

5. 注重学习的过程,精益求精,体验探究过程的快乐

在做课题时,同学们开始注重课题研究的过程,而不仅仅关注最后的研究结果。他们将这一思维方式运用到了学习上。有位班主任和笔者说了发生在他们班级的小故事。

> 王同学和马同学需要用一门未曾接触过的计算机语言编绘出属于自己的软件。他们造访专业人士,询问老师,找来好多教材自学,上机后自己尝试,自己修复,课题完成后同学们的手机上都装上了他们设计的软件,并应用得很好。那种快乐让他们忘却了暑假的酷热,他们体会到了成功的快乐,也感受到了研究过程的幸福,漫长的跋涉带给了他们很多,他们两个曾经在办公室和我说,用自己的发明创造出来的东西感觉"非常爽",觉得自己也属于发明家的行列了。我想,简单的"非常爽"三个字或许能形容孩子们那种对于研究历程的欣喜心理吧！

三、教学方法的创新

创新性教学方法,是指培养学生创新思考能力的教学方法,其本质是强调培养学生的创新能力。科技实验班的成立不仅仅是冠以"科技创新"之名头,而是要在课程设置和教学方法上形成一种根本性的变革。学校科技实验班在课程设置上较大幅度地缩减了传统的基础型课时的数量,教学单位时间的压缩必然对常规教学提出了更高的要求,创新教学方法是首当其冲之事。近几年来,围绕科技实验班的课程改革,主要在以下几个方法上进行了尝试:先行学习者教学、合作学习式教学、创设情境式教学、自主探究式教学等教学模式。

1. 先行学习者教学

指学生对将要学习的内容先行开展自主学习,了解背景资料,在与老师沟通后,将自己的体验过程通过情境、游戏的形式展示在全体同学面前。在教学过程中,"先行学习者"或用多媒体,或模拟现实场景提出问题,冲击学生头脑,引发其他同学的体验和思考;或者用游戏吸引同学,在说说做做中不知不觉完成了新旧知识的连接并理解了其中蕴涵的深意。通过情景模拟、角色体验等形式,改变传统课程实施过于强调接受学习、死记硬背、机械训练的现状,倡导学生主动参与、乐于探究、勤于动手,培养学生搜集和处理信息的能力、获取新知识的能力、分析和解决问题的能力以及交流与合作的能力。

比如,学校一位政治老师说:

> 政治中的经济常识、政治常识和哲学常识是思辨性、社会性都很强的课程,都是从生活实际、社会实践中归纳抽象出来的,这其中本身就有许多贴近学生的故事或案例。如果能教会学生主动查找资料、发挥想象力,将经济学、政治学与哲学相关的知识内容编写成故事、游戏、小品等,对课堂学习中"师生"的交互和"生生"的交互会起到积极的作用。先行学习者小组在老师的指导下,结合需要学习的内容,通过设计各种课堂体验互动环节,完成课前体验过程。以学生小组作为先行学习者,经过小组内部合作、师生协商,设计出与思想政治教材结合的、并能联系生活实际、社会实际的情境或游戏活动方案,在课堂上导入、提问、分析,实现学生自己建构经济学、政治学和哲学部分知识。先行学习者小组作为教学实验者,将自己的体验过程通过情境、表演或论文观点等呈现出来,为课堂交互打好了良好的知识基础,做好前期准备。

这样的教学从源头上重视了知识与智慧的内在联系,关注了学生的个性和灵感,把教学过程变成需要学生智慧参与和情感体验的过程。它能点燃探索与创造的火花,激发认识的兴趣和学习的动机;它能展现思路和方法,教会学生怎样学习;它能帮助我们塑造进取的人格,强调学生探索新知识的经历和获得新知识的体验。

2. 合作学习式教学

合作学习式教学即教师积极引导学生进行小组合作式学习,学生间互相帮助,互相弥补,教师在教学过程中作适时点拨、引导。小组成为互助合作,共同进步的战斗集体,从而培养新型的合作学习关系、奉献精神和集体主义观念,激发学习兴趣,发掘学习潜能,发展个性,使得不同智慧水平、知识结构、思维方式、认知风格的小组成员各自发挥自己的特长和优势,通过在讨论中发表自己的看法,交流自己的见解,相互启发,相互帮助,取长补短,这样往往拓宽思维,激发思维的火花,从而更进一步深化认识,加速知识技能的形成和优化。在教学过程中,坚持以教师主导、学生主体的教学理念,教师以"平等者"的身份介入,以宽容的胸襟、真挚的爱心、诚恳的态度,倾听学生的声音,关注学生的内心。在介入中,了解学生欠缺什么和需要什么,明确自己能为学生做什么或不能做什么,在学生理解模糊、思路狭窄、认知困惑时,给以价值引导、智慧启迪、思维点拨,进而促进学生行为养成。学习过程中学生个体能不知不觉地展开人际交往,学会与人沟通,与人和平相处,学会接纳他人、欣赏他人,与他人共存,悄然无声地实现教育要义。

3. 创设情景式教学

创设情景式教学即创设特定的情境,以特定的氛围感染熏陶学生,激发学生学习和探究的情感与兴趣。利用多媒体,利用多种教学手段,以"景"入情,以"声"传情,以"情"激情等等。如语文学科的学习同其他艺术形式结合起来,读小说时让学生欣赏电影或改编成短幕话剧;学诗词时举办诗歌朗诵会;学话剧时让学生排演课本剧……形式多种多样,不一而足。有时候,特定的情境,诗意的氛围,唯美的音乐常常把人带到一个深邃的多维空间,使理解与欣赏在相融合的同时得以深化和升华。学校各个学科教学的开展也都非常注重联系实际、拓展延伸型的教学模式。如地理学科由课堂走出课外、学校走向社会,开展丰富多彩的地理野外实习、课外实践活动和社会实践活动。组织学生参观、调研学校附近的工业布局、环境污染状况及采取的措施、人口发展情况、城市建设交通发展等等,在生产生活中去感知生命的存在及价值,以形成热爱生命、保护环境的意识,形成积极进取、乐观开朗的生活态度,养成善待自己、关爱他人的高尚情操。对于学生来讲,书本已不是他们头顶上唯一的天空,课堂不只是平面的,课堂也不仅是一个空间,学生的思维在多样化的情境中会得到激越,而更多的时候创造性也会得到激发。

4. 自主探究式教学

自主探究式教学即学科教师在教学中注重师生的交流,吸收学生的反馈信息,培养学生自主学习、探究学习的习惯。真正的教育要尊重学生的自由与个性,必须给学生以自由的时间和空间,积极主动地去尝试,谋求自身创造潜能的发挥,并对自身学习作出主动的系统的安排,逐步确立个体的主体意识和观念,真正地认识自我,实现自我。自主探究式的教学过程在培养学生善于发现问题,主动提出问题,进而学会解决问题的能力上有着极为重要的作用。如学生在学习"黄赤交角"时,学生会提出疑问:黄赤交角是否是定值?如果为零或变大、变小会对地球产生什么影响?对人类的生活和生产环境会造成什么影响?并在教师的引导下寻找解决问题的方法,直至最终解决问题。这一过程既是暴露学生的疑问、困难、障碍和矛盾的过程,又是展示学生的心智、个性和学习创新的过程,促使学生体验科学探索的乐趣和魅力,获得深层情感体验,产生一种实现自我、超越自我的至乐感觉,从而体现出个体生命的积极意义。

四、课程建设的成效

在创新人才培养课程构建的基本理念上,学校的创新人才培养课程特色,是学校教育的整体特色,学校的科技教育特色是立足本校优良传统,践行先进理念,充分开发科学技术创新领域的教育资源,并将其与学校各方面工作,尤其是教育观念与教育方式的更新有机结合,用以培育早期创新人才,彰显本校的文化特色。学校的创新人才课程可以凸显科技教育特色,它不是专门开设几节科技教育方面的课程这么简单,还包括通用于优质大学附中的课程和学校自主开发的、着眼于培养早期创新人才的课程。在教育思想、课程内容、教育方式、评价方法等方面体现本校办学理念、彰显科技教育特色。学校的创新人才课程,就是要以大学附中课程改革的已有成果为基础,进一步追求特色化而建设起来的更实更高更新的教育平台,可以让本校教育资源更加优化,带动教师队伍建设、教学方式更新、德育活动创新等领域的发展,从而在此基础上彰显科技教育特色、创生本校卓越的文化品质。

在创新人才培养的课程构建的基本结构上,根据学校特色化的培养目标和新的教育理念,对课程体系进行了补充完善,将基础型课程、拓展型课程、研究型课程这三类课程相互融通,共同构成学生实现全面发展的优质文化空间(见图6-5所示)。

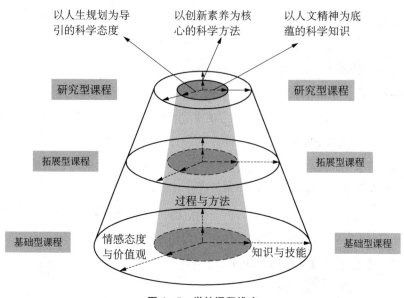

图6-5 学校课程维度

在每类课程中全面实现三维目标之时,根据学校的办学理念、培养目标和创建科技教育整体特色的发展目标,着力凸显每一维度的目标中的特色化内涵——在"知识与技能"中凸显"以人文精神为底蕴的科学知识",在"过程与方法"中凸显"以创新素养为核心的科学方法",在"情感态度与价值观"中凸显"以人生规划为导引的科学态度"。为体现每个维度的特色化内涵,可以整合资源、形成相应的特色课程,这些课程共同构成课程体系中的"科技教育特色课程"系列——它成为学校特色化课程体系的"主轴"。

对课程体系中的这一"主轴",可以作如下理解:首先,从课程目标的角度来看,"科技教育特色课程"系列将三维目标中突出强调的特色化内涵凝聚在一起。其次,从课程结构的角度看,"科技教育特色课程"系列在贯通三类课程的同时,还让各类课程有了特色化的教育追求。最后,从课程开发的角度来看,将学校已经探索过的创新人才培养课程(包括人文精神、科学素养与人生规划三个模块)融入"科技教育特色课程"系列,并在新的高度上系统重构课程内容、整体探索实施方法,从相关课程可以发挥优势功能的角度将其导向实现本校特色化的培养目标和发展目标,在充分利用已有创新经验的基础上敞开了继续开发并优化本校特色化的课程体系的探索空间。

五、调查数据的论证

2014年9月起,在上海交通大学附属中学开展与大学深度合作培养创新人才实践的效果检验与成果总结阶段,为更全面深入地把握该教育实践项目开展的实效性,学校在2010年6月至2014年6月毕业的5届学生中,通过学校校友会,随机抽取了200名学生,开展了关于上海交通大学附属中学毕业生对自己高中阶段学校教育的内涵与效果的问卷调查。问卷主要项目包括在上海交通大学附属中学的学习收获、未来发展的定位思考、特色课程建设遵循原则、探究式活动的意义、科技教育氛围形成度、"科技教育"对学生的影响、"科技教育"对学生学习品质的影响、"科技教育"遵循的基本理念即作为主推的核心人文价值、学校的教育烙印、高中学习对未来发展的意义、对学校未来发展的建议等。同期,还组织了对部分毕业生的深度访谈。

问卷自2014年9月12日至10月17日分批寄出,2014年12月23日截止,共回收做答问卷190份,其中有效问卷188份(两份问卷因漏答题目太多而被剔除),问卷回收率95%,有效回收率94%,有效回收率达到了问卷调查研究的标准。在所有有效作答问卷中,159人为平行班毕业生,约占84.6%,29人来自科技实验班,约占15.4%,这个人数比例与学校科技实验班人数占平行班人数的比重大致相当。同时在高中毕业后就读大学理工类专业占62.16%,人文社科类占37.84%。以上数据比例基本符合历年来上海交通大学附属中学毕业生就读文理科基本数据结构,故可初步认定本次问卷调查的取样具有代表性。下面将分别就各个问题展示调查结果。

A. 针对"您认为在学校的学习经历给您带来的最大收获是"问题,29.73%毕业生认为是"思维方式的转型",13.51%认为是"人生定位的明确",选择"知识能力的获取"和"视野的开阔"的各占29.73%和27.03%,如图6-6所示。这说明思想

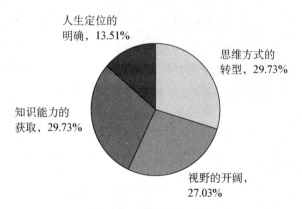

图6-6 学习收获调研图

日渐成熟的学生已经不仅仅将高中阶段学习等同于读书。

B. 关于"学校哪些学习经历曾让您产生过对未来发展的思考",该选项设置为多项选择。其中,选择"人生规划课程"与"课外探究活动"的分别是67.57%、56.76%,其次是"日常教学"45.23%,接着是"讲座讲坛"35.41%。可见"人生规划课程"与"课外探究式活动"作为创新人才培养课程模块的主要内容有其重要作用。(见图6-7)

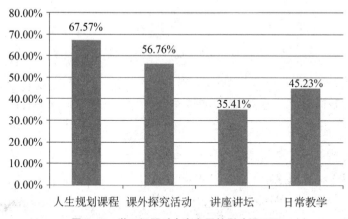

图6-7 学习经历对未来发展的影响调研图

C. 对"您认为学校开展探究性活动的主要意义"的认识,选择"激发学生兴趣"的比例高达75.68%,其次是"丰富教学与学习形式",占70.27%,"彰显学校特色"与"深化课程教学效果"的主张各占35.14%与48.65%。可见,毕业校友对于激发

学生兴趣的认可度最高,这也反映出学校对于创新人才培养兴趣、志趣开发的基本诉求。(见图6-8)

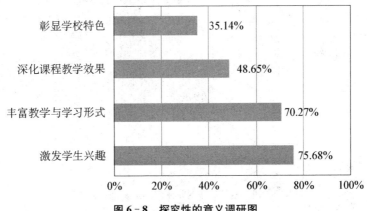

图6-8 探究性的意义调研图

D. 关于"对学校开展科技教育的认识",24.32%学生认为"已成为学校特色",54.05%的同学认为"逐渐形成主流",13.51%的同学选择"正在被了解接受",选择"尚不显著"的同学比例约为8.11%。可见,当前"科技教育"校园文化的影响已经得到毕业生的认可,科技创新的文化氛围显现。(见图6-9)

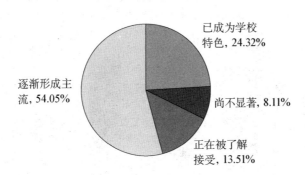

图6-9 学校特色发展的调研图

E. 关于"学校的科技教育对学生发展的影响",作为主流意见的"理性的思维方式"和"探索创新的意识"分别占比78.38%和91.89%,"崇尚科学的精神"和"科技知识与常识"分别占比45.95%、43.24%,可见,毕业生对该问题认识相对一致,主要体现在理性思维和探索创新方面。(见图6-10)

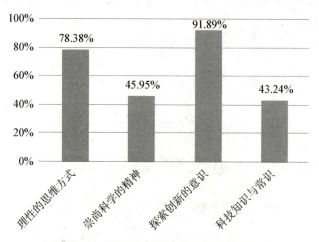

图 6-10　科技教育对学生发展的影响调研图

F. 关于"学校科技教育遵循的基本价值理念",42.17%认为是"批判质疑权威",40.2%认为是"'大生态'的人文情怀",即关注人类社会自身的存在与发展;主张"数字学习与国际理解"和"立足解决现实问题"的分别占 35.67% 与 29.4%。该问题反映出学生对于"科技教育"价值理念理解多元性。(见图 6-11)

G. 关于"学校科技教育对学生学习品质的影响",选择"创意突破"与"勤学善

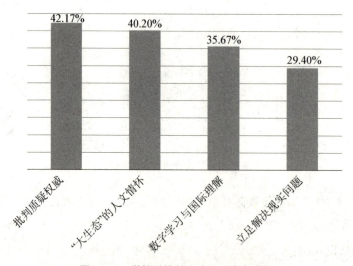

图 6-11　学校科技教育价值观念调研图

思"的主张分别占 70.27% 与 75.68%；选择"通力协作"的占 62.16%；选择"文化自信"为 32.43%。这个调研结果与科技教育的原初目标一致。（见图 6-12）

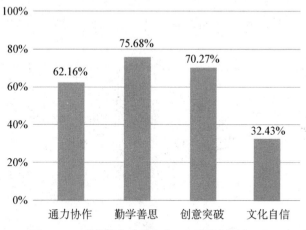

图 6-12 科技教育对学生学习品质影响的调研图

H. 关于"学生对于学校教育的最显著教育烙印"，对这个问题的回答较为多元。主张"求真务实"与"创新探究"的较多，分别占 67.57%、64.86%。选择求真务实选项与学校从工农速成中学继承的那种务实的作风有关，选择创新探究选项与学校多年的创新人才培养有直接联系，因此问卷调研有效性再一次得到验证。另外，选择"大气卓越"的占比 51.35；选择"社会担当"45.95%；选择"感恩负责"为 37.84%。（见图 6-13）

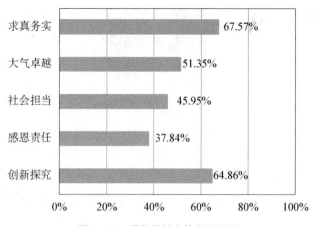

图 6-13 学校的教育烙印调研图

I. 关于"推动学校科技教育的核心人文价值"选项,选择"个性发展"的人数占比最高,达到 81.08%;"生命意识"的主张占 32.43%;主张"家国情怀"与"文明传承"的各占 29.73% 与 24.32%。这体现了当代学生对于个体个性发展的核心关注,同时也兼顾了社会需求。(见图 6-14)

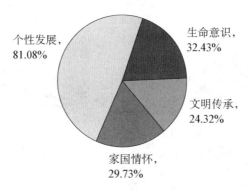

图 6-14 学校科技核心人文价值的调研图

J. 关于"附中的学习经历对于未来发展的意义",合计 83.78% 学生认为是"至关重要"和"重要的",16.22% 的学生也认为是"有用的",没有毕业生选择"不确定"。可见上海交通大学附属中学的学校教育对于学生的发展正产生着重要的积极影响。(见图 6-15)

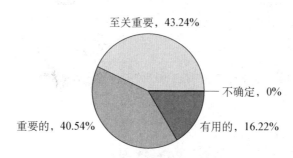

图 6-15 学校学习的未来发展意义调研图

K. 本次问卷对"学校进一步深化创新人才培养的建议"共收集 86 条,其中 25 条表达对学校未来更好发展的期盼与祝愿;13 条表达愿意为学校发展贡献力量的意愿,其他 48 条建议实实在在涉及学校课程开发、课程内容、课程设置方式、教学方式变革、学生考核、师生交流、教师辅导、校外资源引进、社会力量参与、后勤管理支持等近10个大小方面的具体问题。这些既反映出毕业生对母校的深切关注与热爱,也表现了上海交通大学附属中学培养学生浓厚的务实精神得到体现,是对本调查结果效度的有力旁证。

通过以上的调查的数据结果分析,我们基本可以对于上海交通大学附属中学与大学深度合作开展创新人才的教育实践开展的成效作出以下判断:

(1) 上海交通大学附属中学与大学深度合作开展创新人才的教育实践与研究具有现实意义。从毕业生的直接反映以及基于学校的学习生活经历形成的对于学校发展的关注与热诚可见,上海交通大学附属中学当前的学校教育实践对于学生的未来发展具有积极意义;同时上海交通大学附属中学正在逐渐形成鲜明的以"科技教育"为核心的特色教育体系,以及包含着社会责任、国家认同、国际理解、人文底蕴、科学精神、身心健康、学会学习、实践创新等主要内容的创新人才核心素养体系。

(2) 准确的目标定位是上海交通大学附属中学与大学深度合作开展创新人才的教育实践的基础保障。这里的准确定位,不仅指的是实践主体自身的自我定位的准确——即上海交通大学附属中学基于自己著名理工大学附属中学的特殊身份地位,并有效回应大学作为专业教育机构对于人才的基础素质要求,进而与大学深度合作的问题;同时还有对于教育实践活动的目标定位——将与大学深度合作的目标界定于创新人才的培养上,既立足于高中学校基础教育责任的履行,同时也积极回应了社会发展对于人才创新素养的特殊要求,把创新人才培养问题实质性开展落实到普通高中教育中来。在对2013届毕业生陶同学的访谈中,他兴致勃勃地谈到了自己:

> 正是通过参与学校的科技创新活动才逐渐明确了自己未来的发展方向,并最终下定决心报考交通大学的计算机专业。

这样的清晰目标激励着他利用业余时间进行了高等数学的学习和电子信息的学习,并出色完成了许多电子作品,在学校的社团博览会活动中广泛被应用。

(3) 富有成效的特色课程建设与探究性活动开展是学校与大学深度合作开展

创新人才的教育实践的核心环节。特色课程开发与探究性活动的开展不仅从形式上带来了创新人才培养的重大突破,而且从实质上对于创新人才的实质与创新人才核心素养进行了有意识的重塑。2012届的杨同学在访谈中谈起了自己参与"股票与债券的风险"问题的小组学习经历:

> 我们小组同学利用业余时间设计模拟炒股的程序,上课发一部分'货币'给学生,分别充当红马甲和证券公司职员,让同学们炒股票,买卖债券。游戏结束后,老师请部分学生谈谈炒股或买债券的感受。学生经过体验得出影响股票价格的一系列因素,比较出证券市场上的股票与债券的不同之处,从而得到应有的态度。老师则在学生讨论偏离方向时及时介入,导入正确方向。

这样的课程组织方式注重了学生参与,调动学生学习积极主动性,从生活场景再现了知识与智慧的内在联系,在充分发挥学生的个性和激发起灵感的基础上,将原本的"要我学"的传统教学模式转变为学生积极主动地"我要学"的自主参与。更重要的是它以生动的激情点燃了学生探索与创造的火花,激发学生认识的兴趣和学习的动机,在向学生展现思路和方法教会他们如何学习的过程中更让他们体验到了成功和自我满足。当前进入工程设计专业学习的2011届许同学对于科技实验班周二下午的拓展课《珠宝手工设计》记忆犹新,她回忆说:

> 我们根据"顾客"提供的首饰设计图纸和要求,分析其艺术特点和材料特点,熟悉加工设备、仪器,学习安全环保要求,按规定的工艺要求和标准制作一枚铜质或银质戒指,再通过学生互评和教师点评,提高艺术鉴赏水平和工艺制作规范……这项活动直接点燃了我痴迷于工艺设计的火花,一发而不可收。

(4) 成功的校园文化建设是学校与大学深度合作开展创新人才的教育实践的重要保障。当前的深度合作培养创新人才的实践是一个逐渐生成的研究,伴随着该事件,同时开展的以"科技教育"为核心的校园文化建设也是一个不断探索的过程,对于"科技教育"的内涵、"科技教育"的理念价值、"科技教育"的主体精神、"科技教育"的人文内涵、"科技教育"的学习品性的认识,虽然都有待于进一步厘清,但是就目前的实践成效看,以"科技教育"为核心的校园文化建设对于学校与大学深度合作开展创新人才实践研究具有显著的支持效果。

不论是日常的学习,还是实验班的专题研究,或者是课外的讲坛讲座,校外实践活动,甚至是有明显德育目标的人生规划课程学习,同学们都能明显感受到在创新学习理念下自己的思想和行为逐渐发生的变化。2012届的学生赵同学谈到了自己在学习期间感受到同学们身上神奇的变化:

> 经过科技实验班各种教育活动训练,大家都不自觉地发生着变化,对身边的事物开始有了更加深刻的观察与缜密的思考,对以往形成的习惯于接受老师所教的知识也开始有了审视与怀疑,上课时与老师同学们的谈论多了,课下与同学的争论就更多,大家似乎把和老师与同学较量——激烈的争论当成了挥洒青春活力、智慧与热情的重要渠道。

用质疑的态度,批判性地看待世界,抓住问题要领,善于质疑辨析,这样的思维就是发生在同学们身上的变化,是"教育教学"价值理念的核心要素,也是创新人才核心素养的重要内容,而这一切已经在学校的"科技教育"中蔚然成风。

总之,上述关于大学附中与大学合作开展创新人才实践研究的过程以及成效检验,充分展示了学校以大学附中身份所开展的与大学合作进行创新人才培养的从理念到实践、从主体到对象、从策略到手段、从环境到主体的主要经验性成果。自2009年开始实践探究至今,学校从人才培养、探索创新、特色化建设、变革与发展等诸多方面都展示了与大学合作开展创新人才培养实践带给学校的实质性变化——毫不讳言,学校因此受惠良多!

第七章　关于大学附中与大学深度合作的政策建议

上海交通大学附属中学在广泛吸取国内与国外相关经验基础上，积极寻求理论与实践的支撑，在国家"双轮驱动"创新战略的启发下，对自身2009年以来与大学合作培养创新人才的实践进行了较为深入的反思与研究，初步探索出大学附中在教育目标、教学内容、课程设置和教学机制等方面，通过与大学合作开展改革与衔接，进而实现原本割裂的两个教育学段相互渗透与链接，以达到创新人才培养优化效果的学校教育发展模式——即"分层运作、多方联动、一致协同"的教育模式。自然，由于各种主客观因素的限制，该模式目前还不能称为一个完整的行动方案，加之创新人才培养的方式方法也不可能有一成不变的模式，但是从上述的研究中，我们还是可以找到一些与大学合作的关键领域与维度，这将有助于人们在应对当下高考、升学、招生等改革面临挑战的背景下，更好地做好创新人才的培养工作。

第一节　逐步建立深度合作的"分层运作"教育体系

在前面我们已经分析了：大学附中与大学合作的同质化，导致创新人才培养模式的单一；合作的功利化，导致在课程资源上相互融合开发不到位，以及课程选择性不够、实施方式单一，也导致了在考试评价招生方面人才选拔与输出路径狭窄、应试倾向明显等问题；同时合作的空泛化使得大学与大学附中在专业师资共享上，没有制度机制保障、可持续发展动力不足等问题。消解或缓解这些问题，需要多方面的合力，但是就大学与大学附中而言，如果两者之间本身不能超越"同质化、功利化与空泛化"的阻碍，那势必会让我们的学子身处在大学附中与大学各自所营造的文化氛围中。这就是我们通常所言,什么文化育什么样的人。因此,大学附中与大学的深度合作的意义,即对"同质化、功利化与空泛化"的关注与超越,事关我们的学生成长的文化氛围。所以,在很大程度上说,大学与大学附中本身在伦理担当、责任担当、使命担当上应当有着共同的追求。

一、深度合作的基本原则

作为大学附中与大学的深度合作,结合第四章中我们提出的"共同愿景、独立与合作、互惠互利、理论与实践融合"等内在的机理,对于在具体实践过程中,两者之间有三项基础原则是应当遵循的。

第一,两者价值维度的相通,即大学与大学附中的共同价值追求。在这一点上,大学与大学附中都需要作出努力。就如浙江大学老校长竺可桢所言:"乱世道德堕落,历史上均是,但大学犹如海上灯塔,吾人不能于此时降落道德标准。切记:异日逢有作弊机会是否能涅而不淄、度而不磷,此乃现代教育试金石也。"大学如果迷失了方向,那社会、包括大学附中或者其他普通学校随时可能堕落。

第二,两者执行维度的相融,即大学附中与大学如果不能在课程与教学上真正是相互融合,那么,任何合作只可能是形式,对于创新人才的培养是起不到任何作用的。

第三,两者保障维度的相互,即在管理评价等机制上的相互作用与相互保障。尤其在评价机制上,清华大学施一公教授[①]认为,我们要转变"乖孩子"就是"好孩子"的传统观念,在很大程度上,乖孩子文化与科学探索的一些基本哲理是相悖的,应该重审我们的人才评价体系。格致中学校长张志敏[②]认为,应该转变传统的人才观,建立有利于培养创新人才的评价机制,从只重视统一性和规范性向鼓励多样性和创造性转变,积极推行对学生德、智、体、美的全面考核,重视对学生创新能力和素质的综合评价,使评价体系从主要反映学生对知识掌握程度方面转移到体现创新能力和综合素质方面。

---

① 孙金鑫. 拔尖创新人才的早期培养——来自名人大家的观点[J]. 中小学管理,2010,(5).
② 张志敏. 高中教育和创新人才的培养[J]. 上海教育科研,2007,(6).

二、"课程"作为深度合作的"率先突破"

要实现长期以来被根深蒂固地确定为处于教育体系两个阶段的高中与大学共同服务于创新人才培养这一主题,需要涉及学校教育的课程、教学、德育、考评、师资、管理等诸多方面,这本身是一个体系化的变革。学校领域内的各方面工作和因素在整个学校教育运作中共同构成一个整体而服务于创新人才培养这一目标,但是这一体系中的各要素作用、地位及运行方式都具有较大的差异——有的处于核心位置,有的是前提性基础,有的是保障型条件,有的是行动的依据……学校的系统性变革如果不能依据学校教育内部各要素的特点而开展有针对性的设定行动方案的步骤与程序,而是"一视同仁"、"整体推进",则必然车覆辙倾。并且大学附中教育与大学教育的自由多样灵活性相比较,具有更多的稳定性与规范性。有鉴于此,上海交通大学附属中学所进行的大学附中与大学深度合作在起初就注意到了这个问题,故而在整体性变革的行动逻辑上采取了"分层运作"的办法——紧抓"课程改革"这个核心领域"率先突破",在此基础上将改革延展到德育、教学、管理等其他领域"系统跟进",进而在学校的整个工作场域内实现与大学深度合作。

之所以选择课程作为大学附中与大学深度合作率先突破的领域,是因为课程合作是大学附中与大学深度合作的核心问题,也是影响大学附中与大学教育发展的关键性因素。在我国,大学附中与大学在深度合作问题上曾经开展了许多并不成功的外延式合作的实践。所谓的"外延式合作"主要体现在"一蹴而就"地追求从大学附中到大学的学校教育的一体化的体制合作,而忽略了课程作为核心的内涵式合作环节的强化。

教育的层次与类型主要是由课程所决定的,教学效果与目标也根本上取决于课程的设置与安排;既然大学附中与大学属于教育体系的不同层次与范畴,两者课程设置的合作程度直接关系到大学附中教育与大学教育的人才培养的总体目标上能否一致、教育资源能否有效利用、教育质量能否有效提升、教育效果能否充分体现的关键性问题。换言之,在大学附中与大学深度合作问题上,课程合作是"本",体制合作是"标",发展性合作是"源"——没有"本"的合作,"标"的合作必然流于形式;没有"本"的合作,"源"的合作将流于空想,两相对比可见课程合作在大学附中与大学深度合作中的基础与关键性。

上海交通大学附属中学所进行的大学附中与大学深度合作,率先在课程合作中做出了这样的定位——鉴于上海交通大学作为理工类知名院校和上海交通大学附属中学深厚的科技教育传统,与大学的课程合作重点放在了科技教育领域,尤其考虑到人才培养与上海交通大学的专业合作问题,学校将与上海交通大学课程合作的核心领域设定在工程科学、生命科学和信息科学,并分别以机器人、航模、汽车;生物化学、环境保护、基因工程;信息安全、软件设计、嵌入式系统组织以项目研究的方式形成课程体系,再通过广泛攫取上海交通大学及其友好合作学校、社区教育、学生家长等多方面的资源共同形成了学校三大课程模块中核心的科学素养培养模块。在完成这样的培养方向与基础的定调之后,学校并不忽视人文教育与通识教育,因此又产生了通识教育课程。学校所组织的通识教育课程,其内容包括基础性学科、人文素养、现代管理知识等,是所有创新科技人才都必须掌握的基础性课程设置,也是作为现代社会公民应该具备的基本素养,学校将通识课程定位在有意压缩的传统课时基础上的补充与提升,以实现科技创新教育必备的知识基础与学习能力,如在文学、历史、哲学、艺术、法学等领域加大教学力度培养学生的人文素养与精神,与上海交通大学合作开展拓展训练培养学生的领导与团队合作、组织能力。学生的人生发展与思想品德教育同样是课程设置中不容忽视的环节,社会实践意识、社会责任感、择业技能与创业理想既是科技创新人才必备的基础素养,也是现代公民必备的生存技能。为此,学校的生涯规划课程在经过长期研究酝酿后成型。学校为学生搭建全方位的社会实践和创新能力培养的平台,并正在构建和完善"学生自主发展规划"信息系统,通过"人生规划指引专题课程"、"从中学走向大学"、"择业与创业"等课程或讲座,让学生能在中学期间就对自己的兴趣、爱好、个性、能力有所了解,知道自己以后将从事什么职业,并对这一职业和涉及的专业进行一些探索和研究,得到可持续发展。

科技素养课程由大学专家、教授、高校研究生开发,形成以导师团名义向学生提供课题信息、相关资源信息、研究方法指导等详尽的课程信息,学生根据个人兴趣,个人或组成团队选择相应的研究领域。同时,为了满足不同层次的学生对于课程的需要,针对不同学生提供了不同的课程。如专门针对"科技创新实验班"开设的"实验班课程"、以培养多能性科技人才为目标与上海信息技术学校合作开展的"实践课程"、满足其他特长学生的兴趣与高校合作开展的"虚拟课程"。这样能够在培养拔尖创新人才的同时,培养和激发一般学生的创新动力和积极性,虽然在课程实施的成本方面会给学校带来一定的压力,但其成果是显而易见的。

需要强调的是,上海交通大学附属中学在深度合作中所形成的变革性课程,与一直以来传统意义上的国家课程并不排斥,两者都共同运用于日常的教学中;但是这并不意味着有意识地增加学生的课业负担,而是对于传统课程进行压缩和与有效整合,形成了一个在广度和深度上都更加适宜于科技创新人才培养的课程体系。同时,学校的变革性课程也不仅是大学在大学附中阶段的提前预演,根据学科知识特点与大学附中学生年龄阶段认知特点,培养学生科学探究知识、技能、品质等素养为目的的项目组织学习系统,这一性质还将在教学合作部分进一步解释。

三、"教学、德育、管理"的系统跟进

课程合作三个模块内容尘埃落定之后,上海交通大学附属中学与大学"深度合作"的实践体系接下去的问题——三类课程的实施就是教学问题,获取组织资源为课程的实施与持续推进作保障就是管理问题,其中作为人生规划课程模块的延伸实施即是德育问题。因此,在"课程合作"构想完成后,"教学"、"德育"、"管理"等方面的学校教育工作领域也随即作出相应的变革调整,作为保障"课程合作"顺利落成的"系统跟进"动作,实现整个大学附中与大学深度合作体系的自我完善。在这个意义上讲,"教学"、"德育"、"管理"等工作是"课程合作"之后的第二层运作。下面将分别就"教学"、"德育"、"管理"领域的合作实践作进一步的剖析。

1. "教学"作为大学附中与大学深度合作的重点工作

普遍意义上的"教学"是指在确定的时间地点环境下,按照一定的组织方式,由教育者将有组织的教育内容载体呈现给受教育者,促使他们在知识、技能、品德、心理等身心诸方面发生变化的教育实践活动。教学是教育目标实现的必要条件,是人才培养的重要手段,也是教育内容实践化的重要载体。因此在教育内容已经预先有教育行政部门确定的传统学校教育分工中,教学历来是学校的重点核心工作。时至今日,各学校普遍拥有课程开发与实施的自由度之后,教学内容与教学形式同样是作为学校教育变革重点研究的热点。由于在课程变革层面已经对教学内容形成了较大的规定,此处的"教学"在大学附中与大学的深度合作中重点是对教学方式进行探讨。

教学方法是为完成一定的教学任务,在教学过程中采取的途径和手段。从作

用效果上看，除与教育内容相关且直接决定教学目标的实现程度与效率外，教学方法还具有激发学生学习兴趣，调动学生学习积极主动性，促进优良的非智力心理品质的形成与发展的功能；促使学生通过感知、理解、保持、运用、迁移等认知因素获得真正认识，提高认识效率的功能；对于学习活动的评价、调节、控制功能；以及科学教学方法本身包含着智力认知活动的启发示范方法的开发智力功能，这点在不同教育阶段之间的教学方法的合作显得尤为重要。

上海交通大学附属中学实施与大学深度合作的教学改革中，在压缩和高效实施国家课程和地方规定课程之外，学校的主要教学是组织学生在各自选择并被认定的特长领域进行研究性学习。学校开设的课题式综合学习与实践课程中，学生在导师团的带领下，依据自己所选择的专题、项目有针对性地开展自主研修、专题研究、项目设计。学生的学习过程就是利用导师提供的资源自主进行研究，并不断反馈自己阶段性的学习成果和产生的问题，同指导导师以及相关专业研究人员进行互动交流，形成双向式教学，着力训练学习能力、观察能力和探究能力，重点培养学生发散性、形象性、逆向性等思维品格的过程。在创新人才培养过程中有效利用学校新建的实验室、图书馆、网络资源以及大学的实验资源强化学生自主实验的环节，充分发挥学生的创造性。同时，与世界各地友好学校的中学生开展网上交流、协作研究等活动，培养学生的自主创新能力。导师团对学生的研究成果进行鉴定，主要关注三个指标：科学性、新颖性、实用性。在学校或更广泛的层面作汇报交流，起到示范作用和辐射作用。

事实上，在大学附中与大学的深度合作中，从高中生到大学生的变化，在学生的知识、智能、思想、生理、心理等方面的发展都有明显的跳跃性。在这个过程中，缺少以思维方法训练为目的、以教学方法的合作为主体的"教学合作"，不同教育阶段的界限是难以实现的。长久以来，大学附中课堂教学以教师为主导，老师管得细，上课有教材，课后有习题，教学针对性强，学生在习惯了长时间的"填鸭式"之后完全丧失了学习的自主性与主动性，将学习看做是一种教师布置的任务；但是进入大学之后，课程多、任务重、难度高，学习方法的独立性、分析性增强，教学更着重培养学生的自学能力及兴趣、理论联系实际、学以致用、解决实际问题的能力，把学生作为一个独立成熟的社会个体要求其具有独立思考和研究学习的素养。这两种教学方式以及所培养的学生的认知习惯和思维方法的差异形势是极其明显的，因此对于学生的独立思考和研究学习的素养的培养必须从大学之前就开始。基于这样的思考，上海交通大学附属中学与大学的"教学合作"得以展开。

2. "德育"作为大学附中与大学深度合作的基础前提

"德育"是学校教学工作中的基础性环节，智力因素与非智力因素共同决定个人在发展中的成就与表现。有研究表明非智力因素对于智力活动的参与直接影响其过程与效果，所以对学生发展予以全方位指导乃教育题中应有之义。《国家中长期教育改革和发展规划纲要（2010—2020年）》明确提出高中阶段需建立学生发展指导制度，对学生的心理、理想和学业等多方面加以指导。因此，在上海交通大学附属中学深度合作实践的课程改革中，将已经探究数年卓有成效的大学附中学生生涯发展规划作为一项特色课程模块进行实施。以学生生涯发展指导为核心的学生发展指导，其内容构建了涵盖身心发展指导、学业指导、生活指导、职业指导等重大议题，其内涵已经远远超越了传统领域的德育与心理健康教育，而是将大学附中阶段教育视为终身教育体系的一个重要组成部分，从而使得大学附中阶段的生涯教育对于学生整个人生的规划和发展具有举足轻重的作用。学校开展的生涯规划教育帮助学生适应生活、筹划发展、准备未来，希望通过三年的生涯规划指导培养出身心健康、人格完善，有理想、有抱负，对自己未来的人生有一定规划能力的，具有社会责任意识的有为青年。

具体而言，作为德育"深度合作"载体的生涯规划贯穿于整个高中阶段，并针对大学附中三个年级不同班级和学生的独特发展目标采取有针对性、分阶段、多层次和多元化的教学方式来开展。高一阶段是"生涯认知"，通过每班每周一节正式授课的方式（每节课都有一个主题），采用体验式、互动式的形式，对学生生理健康、心理健康、生涯规划等内容进行授课，从而帮助学生尽快适应大学附中学习和生活等各方面，促进学生身心健康和谐发展。高二在认识自我的基础上，以"生涯探索"为主旨，注重培养和锻炼学生的沟通、领导、判断等综合能力素养，帮助学生理性选科。通过"能力拓展活动"、"成功学"等和生涯相关的选修课、主题班会、社团、课外调研等社会实践活动，让学生走近社会、了解社会；充分整合利用家长、校友、社区等社会资源，进一步提升学生专业探索能力、树立人生发展目标和理想信念。高三针对最后一年特殊的学习和生活状态，就复习迎考、自主招生、填报志愿、升学就业、生涯决策等专题展开一系列以"生涯选择"为主题的活动，采用"请进来、走出去"相结合、大学附中和大学相互合作的方式,通过举办个体咨询、中型沙龙研讨、大型讲座报告辅导等活动,根据每位学生的具体需求,进行个别辅导,提供个性化、差异化的意见和建议,帮助学生培养初步的生涯决策能力。

通过德育"深度合作"的探究与实践发现,德育目标的不明确、脱离生活实际,德育内容的空洞、贫乏,德育活动的割裂、形式化等都是学校德育效果低下,甚至与教育工作本质相违背的原因。其中尤其是德育的生活性与属人性,即学校德育应该重点关注学生现实学习与生活状态中的客观需求,在实际生活问题的规范和教育中对于学生的人格品质、思想道德的发展发挥引导作用。学校的德育"深度合作"之所以能够取得良好的效果,与其牢牢把握了大学附中作为学生个体发展重要的转折和过渡阶段这一事实有一定的关系。同时,对于理性的经验指导的巨大依赖的现实状况,它的成功实施为"深度合作"的顺利实现在学生心理层面和学校教育的思想理念上,都奠定了坚实的基础。或者可以这样推论,学校与大学"深度合作"实践探索的成绩都应该归功于紧紧把握满足学生发展的现实性需求上来。

3. "管理"作为大学附中与大学深度合作的系统保障

"管理"在学校工作中主要是维持与组织的功能,但是其具体的形式则涉及学校工作的诸多领域,变化万端,微观上如师资的选聘、培训、考评、去留提升,如教学时间、场域、条件的设定调配;宏观上如德育管理、后勤管理、校产管理,以功能分类如目标管理、项目管理、绩效管理、形象管理等,其内涵纷繁难以概述。但本处的"管理"主要指的是学校内部的对各项具体教育工作的维持与组织活动,这一概括也从另一个角度揭示了校内管理活动的服务型特点,即学校管理本身不是目的,学校管理的目的在于确保学校各类教育活动的顺利有效开展。因此可以判断,在变革的时序上作为保障条件的"学校管理"必然要与教学、德育等其他相关因素发生系统性变化。

在上海交通大学附属中学与大学开展的"深度合作"实践探索中,学校管理方面的变革实际是一个自组织与自适应的过程。学校鉴于以往长期与大学合作进行"理科综合实验班"的项目实验经验,和关于个体教育经验连贯性与一致性的设想,自然想到了以"理科综合实验班"项目为突破口,在更大范围和更深层次上与大学展开持续性和一致性的教育合作,进而探索在实质上更科学合理的人的发展的连续性与一致性,从而通过实践改变当前基础教育与高等教育割裂的局面。2009年

"关于交大附中与交通大学联合培养创新人才的方案"的提出,从实施基础、重点工作、关键环节、组织体系、行动计划、保障性条件等方面进行了深入的设计,其中尤其对于人才培养形成了比较成熟的行动设想。如学生来源、评价选拔、培养目标、培养方式、课程内容、教学实施、考评升学、制度保障等各个环节的问题。在具体的"深度合作"开展中,由于管理组织的缜密与完善,各项工作开展得有条不紊。如科技创新素养培养课程的开发主要由大学专家、教授、高校研究生组成的导师团负责;如优秀初中科技特长生的考评选拔由附中与交通大学专家共同组成的招生考试与选拔小组负责;如学生指导导师队伍以交大教授、专家为主体与各大学教师、各研究所、科技站等机构研究人员和本校教师共同组成。有效的管理"深度合作"同时还体现在从年级层面对于特色课程内容序列的科学安排上,高一年级以微型选修课、短选修为主,注重人文素养教育;高二年级增加长选修课和社会实践,注重科学素养教育;高三年级以微型选修课为主,注重人生规划教育。再有,如何保证学生在参与创新人才培养计划的同时,能够通过高考或者绕过高考顺利进入理想中的大学学习是不可回避的问题,这就涉及如何在高考体制中进行资优创新课程的价值认定,保证创新人才顺利升学。创新人才培养计划不为学生提供高考优惠政策,但也可能会引起学生在参与资优创新课程与应对高考之间的冲突,不利于提升学生参与资优创新课程的效果;给予学生高考优惠的模式,避免了学生时间安排上的冲突,有利于学生积极参与到资优创新课程中去。有鉴于此,学校与交大等高校在培养制度上形成了"联合考核"与"直推升学"的模式。但针对该模式可能被质疑的公平问题,我们主张真正的公平并不是"一刀切"的公平,而是应该让不同层次的学生得到相应层次的教育,对拔尖创新人才的特殊培养并不是不公平的表现,反而是社会进步和人才培养的现实需要。

作为一项学校综合性工作,在大学附中与大学的"深度合作"中,管理"深度合作"是最复杂的任务,也是最重要的保障。本次管理"深度合作"在大体系中的成功实现,除整体设计谋划的完善成熟外,围绕核心工作运转,抓住了学校管理工作协调性的核心本质也是重要的原因。同时,本次"深度合作"的研究实践,上海交通大学附属中学只将自身定位为实践的主体——即"与大学深度合作"的发起者与策划和实践者,而将合作大学、政府主管部门、社会参与力量作为外在资源条件,进而在一定程度上避免了多向、多重考察与叙述的复杂性,使得学校能始终以大学附中的身份将组织实施与大学深度合作的整体经验进行完整的呈现与反思,当然这是研究设计时就已经明确规定的前提。

第二节 "多方联动"作为深度合作的运作方式

虽然在前面章节已经明确表示本研究是以上海交通大学附属中学为发起和组织实施与大学深度合作实践主体的,同时实践经验与反思立场等都是从大学附中的立场出发,但是不排斥在"大学附中与大学深度合作"实践的现实场景中其他参与主体。其中,如教育主管部门、社会参与力量和作为另一个事实上的合作主体——大学。因为从"大学附中与大学深度合作"的运作方式上看,政府教育管理部门、大学、社会机构与社区、学生家庭与学校的共同参与、多方合作才是大学附中与大学深度合作得以顺利实现与运作的机制保障。当然,从研究立场上看,有必要对于共同参与的主体从研究者的角度进行整合定位,从而更方便地理顺关于大学附中与大学深度合作的具体运作模式。如从大学附中作为实践主题的视角来看,政府的管理机制应该作为大学附中与大学深度合作实践探索的制度性环境或政策前提,大学和社会机构及其他力量的参与的共同作用在于对教育资源的开掘与提供。因此可以将上述的"多方联动"的大学附中与大学深度合作的运作方式简化为"大学附中的主导实践"、"政府的管控基础"和"社会等教育资源的有效补充"。下面将分别从政府的管理体制与外来的教育资源供给来看多方面合作的重要性。

一、政府的管理体制

从当前的学制体系看,大学附中的三年与大学的四年是一种分段的合作模式,在这两个阶段的合作过渡的过程中通过一次考试进行甄别,从而实现对于个人教育也是人生发展中最大的一次筛选与分流。从人的发展的个性化与差异性的角度看,教育与发展的分流是必要的,也是符合个体多样化发展现实需求的——但问题在于经过长期的历史演化与文化积淀,人们普遍将这次考试的筛选与分流在个体教育生涯甚至是整个人生的发展生涯中的意义无限扩大化了。由此带来的"千军万马过独木桥的高考"、"基础教育围绕高考指挥棒运转"的违背教育规律的现象促使人们重新思考对教育活动最具确定性的保障——体制上改革——以回到教育的灵魂与本源。前后教育阶段之间的合作，同一教育阶段不同教育形式间的贯通，从而适应个体发展多样性的需求，提供给个体在任何条件下都能够接受所需教育的机会。这种创新并不停留在教育运行体制层面，而是深入到了教育活动的内部要素，如课程改革、教学革新、德育探索、管理变革，乃至以一个综合性的面目出现，如从办学特色化探索、学生发展指导、学生素质拓展、创新人才培养等方面共同推动人才培养模式上的创新。上海交通大学附属中学发起的此次"大学附中与大学深度合作"研究就是在这样复杂的背景下进行的，这样的大背景中，学校的变革既能找寻政策的依据与行动保障，同时也会遭受现有制度对创新实践突破的阻碍与限制。为此，如同教育管理的体制改革在常态中是渐进的、局部的运作形式一样，以推动教育体制改革为最终目的的教育实践也通常是以渐进的、局部的、缓慢的探索方式开展的，它既由改革探索的环境与目标决定，也由实践研究的内容与形式决定。

二、外来的教育资源

要做到与时俱进，要做到对于人类知识最新成果的及时把握，智力资源的开辟与攫取是必不可少的。上海交通大学附属中学在此次"大学附中与大学深度合作"的实践探索中，通过信息网络与上海交通大学实现资源共享、开发利用社会与大学教育资源，通过友好交流获取国际资源等多种途径成功地进行了"外来的教育资源"的开发与获取。如学校以"普通大学附中走向现代化教育创新人才培养的信息化平台"课题获上海市政府资金支持，利用上海交通大学网络连接的优势，实现国内、国际重要教育数据库与资源的共享；如在借助社会力量方面，有社区教育、各类博物馆、陈列馆、社会专业机构、网站、电视广播节目、书刊、讲坛等；大学专业课程、专业课题、前瞻性研究和前沿性学科等资源，社会研究机构和研究人员前沿学术资料以及新的研究方法等都被直接运用；如在国际资源方面，与国外著名高中建立起友好学校关系，通过交流平台分享研究资源，信息共享，成果展示和评价等。其中，创新教学联合体建立，跨学校、跨区域、跨国域的科研资源与研究成果的交流和累积，对于学校拓展型研究型课程体系构建居功至伟。需要强调的是，外来教育资源不仅是智力资源，更有思维方法、认知方法、研究方法的启示，并且就学校教育以影响人的思维方法为最终目的的本质来看，方法上的启示通常比具体知识的获取具有更为广泛与强大的影响力,而各种新方法的迁移与渗透,往往是创新思维展现的重要契机。

第三节 "一致协同"作为深度合作的秉持理念

在剖析大学附中与大学教育的校内整体变革性合作体系,成功实现多方协作的合作运作模式之后,还需要对大学附中与大学深度合作实践所秉持的理念进行阐释。上海交通大学附属中学所发起的这场"大学附中与大学深度合作"的实践探索,根本上是对大学附中教育本质的回归性的一种思考,是对大学附中教育在创新人才培养中的作用与地位的进一步清晰化的一种探究,是对人才培养和个人教育与发展的整体性的一种设想。而人的发展与社会的大环境息息相关,作为以促进人的发展为事业的教育的发展自然也不能脱离社会现实的大环境;而在教育领域中探讨人的发展的问题,社会发展现状的影响以及社会发展对于人的需求将与人的发展本身的需求相糅合,共同成为指导教育实践价值判断的标准;上海交通大学附属中学引导的"大学附中与大学深度合作"就是在秉持"社会发展要求"与"人的发展需求"相一致的价值标准下开展的实践探索。

今天的学校教育工作者和教育研究者,关注的学校教育的问题,都不仅应该在学校内部(如教师、学生、管理、课程、德育)等方面,也应该从学校外部(如家庭、社区、媒体、政治、经济、文化、娱乐流行风潮)等众多领域寻找问题的根源以及相关因素。随着社会的发展,学校教育与外部世界的联系愈加紧密与深入,学校作为社会子系统的假设的可能性正逐渐被作为社会系统中一个元素的现实存在所替代;在这种后工业化时代的背景下,学校教育、受教育者、教育内容与形式都必然广泛受到社会因素的影响。著名教育研究学者程介明教授曾经研究当前人类社会典型工作场域发生的三大显著性变化——大型组织中的工作小组、中小型企业和个体工作者构成后工业社会中的组织形态;组织机构不稳定,短时期内变动、改组、合并甚至瓦解;随之影响个人的职业生活发生变化:工作灵动性强、工作方式灵活等,提出在此情境下对于个人素养的要求——个体需要具备创造性,有团队精神,能够应变,善于探索,随时随地准备学习新知识,能够自如地跨专业和跨文化,进而提出了后工业时代的知识社会中的学校教育需要面临一次根本性的范式转换。世界经济合作与发展组织(OECD)也通过五年持续研究对于当前社会对于人的关键能力进行了梳理,概言之:对人,如何在复杂多元的社会中生存;对己,如何自为、自处、自卫;对事,如何有效地使用工具。生活与工作环境的变化,对人的关键能力定义的变化都呼吁着对于学校教育的内容、方式的变革,呼吁着我们对于人才、教育等概念进行整体性的重新思考。上海交通大学附属中学开展的"大学附中与大学深度合作培养创新人才"项目就是希望在当前社会环境下通过开展的实践探究对这些问题能够提供自己的答案。

一、搁置争议,深度合作

大学附中与大学合作进行人才培养的教育活动是教育衔接领域的一个重要组成部分,贯穿人在教育系统学习发展的重要过程。这种合作,不论从目的、实施过程中还是结果上都会有不同的议论和看法,随之而来的就是赞扬与褒奖有之,争议与指责有之。

目前,从理论和实践来看,大学附中与大学合作培养人才的理念与做法的争议话题颇多,诸如影响了教育公平,即各种合作方式只是少数群体、少数地区能享受的利益,不能实现全方位的覆盖;高校掐尖,主要争议是高校的合作目的是获取更优质的生源,对于是否有实质意义上的合作不可知;还有就是为了高中升学率,认为高中从事这种改革仍然是着眼于提升升学率和知名度;新瓶装老酒,认为现在的这种合作形式与内容只不过是在漂亮外衣掩盖下的又一种择优录取的陈旧内容,毫无新意可言。在研究者看来,所有争议本质上都可以回归到利益纷争中,涉及不同的利益群体,围绕各自的利益诉求而形成的纷争,这种纷争不会消亡,反之,随着改革的纵深推进,各种利益纷争的出现反而能从反方面推进该领域教育改革。作为一个负责任的研究者和实践者,笔者呼吁关于大学附中与大学合作培养人才的衔接尝试,在分析问题时要把握矛盾的主要方面,从推动教育改革和实现人的连续性成长视角出发,只要出发点不徇私利,为了实现人才培养的转型,开展形式各异的教育教学改革理应得到支持,而不是一味地责难与阻碍。这需要各方面搁置争议,深度合作,从实践入手并接受实践的深刻检验,从而获得真理性的认识以指导实践,给予新事物应有的发展空间。

二、先行先试,逐步推广

2009年以来,全国各地对于高中与大学的合作方面的探索呈现上升趋势。研究者曾在2011年4月参加清华大学百年校庆的专题活动暨全国优秀高中与高校衔接培养拔尖创新人才论坛。出席此次论坛有教育部领导、教育理论界的权威人士、国内著名大学的招生办主任和来自全国256所优质高中的校长(涵盖大陆所有省市自治区)。此次论坛还分为三个分论坛,分别是:如何建立中学和大学联合培养拔尖创新人才的机制?如何以中学和大学教育教学的衔接促进拔尖创新人才培养?如何以学生遴选和质量评价的衔接促进拔尖创新人才培养?在各分论坛中,与会的全国优质高中校长们围绕这个话题,分别介绍了各自的经验与做法。在培养目标衔接、不同模式的培养机制、高校与高中课程衔接、基础教育与高等教育培养拔尖创新人才的形式、内容和目标等方面做了深入细致的探讨,甚至有的高中学校已经形成了非常成功的经验。

站在研究的视角,教育行政部门代表、教育理论界代表、大学招生办主任和教育实践界的代表等济济一堂围绕高中和大学联合培养人才这个话题进行研讨,其内在意义已不言而喻。全国范围内有这么多高中与高校联合培养人才,而且形式多样,内容丰富,这对于推动我国的教育改革具有实践意义。目前为止,在高中与大学合作培养人才的方式方法上尚没有一致的模式,但这正是该领域研究走向纵深的前提,多样化的先行尝试,形成足够多的量的积累,为形成一致的操作模式提供有益的补充,为达到质变奠定良好的基础。

从当前的研究情况看,各高校和各中学围绕人才培养而进行的各种改革举措并没有受到教育行政部门的干预与阻碍,有的合作项目还得到教育行政部门的资金和政策的支持。比如上海在2009年起先后开展了创新素养培育实验项目和建立拔尖人才培养基地,在实验室建设、师资培养、社会实践等方面给予大力度支持,鼓励中学与高校联合培养人才,可以看出教育行政部门亦希望高中与高校先行先试,遵循从实践中来,形成经验和理论,再运用到实践中去,接受实践的检验,从而获得真理性的认识和建构合理的模式。

三、发展眼光,立足长远

看待大学附中与大学合作培养人才,需要理性或审慎地看待目前二者合作过程中存在的问题。任何新事物的存在和发展都会有一定的问题或曲折,但终究会在实现发展中规避,突破各种阻碍实现自身的质变。正如恩格斯所言:"世界不是既成事物的集合体,而是过程的集合体,其中各个似乎稳定的事物同它们在我们头脑中的思想映象即概念一样都处在生成和灭亡的不断变化中,在这种变化中,尽管有种种表面的偶然性,尽管有种种暂时的倒退,前进的发展终究会实现。"[①]从教育改革的规律来看,任何教育改革的发展都伴随着各种理论与现实、个人与社会、利益的纷争,总是从不完善到逐步完善再到完善。目前高中与大学合作培养人才走进教育实践不过几十年时间,正处于从经验走向理论抽象的发展阶段,而这个阶段是较长的发展阶段,也是矛盾的聚集期,各种批评、指责层出不穷,甚至会阻碍这种教育变革的推进。对此,我们要有清醒的认识,对于新事物的发展,其发展历程必然充满辛酸。正如华东师大叶澜先生在总结创立新基础教育理论的心路历程中的一段话:"在这个世界上,还有什么比改变人更为艰难更为持久的事业?"叶澜先生道出了教育理论建构和教育变革的艰辛。

教育理论的建构不是一日两日可以造就,教育改革也不是一日两日可以检验。大学附中与大学的合作培养人才,尽管道路上充满了荆棘,但从国家对于教育发展的战略要求上,从教育对人终身发展的诉求上,还有更多的空间可以发现、挖掘、总结和提升。对此,我们一定要秉持发展的眼光,给予她更多的时间,给予她成长的空间,她也一定会在理论与实践中成长壮大!

---

① 马克思恩格斯选集[M].北京:人民出版社,1995:244.

结语

1924年1月17日,鲁迅先生在北京师范大学附属中学发表了《未有天才之前》的主题演讲。他在演讲中说:"天才并不是自生自长在深林荒野里的怪物,是由可以使天才生长的民众产生、生育出来的,所以没有这种民众,就没有天才。譬如想有乔木,想看好花,一定要有好土,没有土就没有花木了,所以土实在较花木还重要。"鲁迅先生这个演讲的主旨,是针对当时文坛上一些空喊缺乏天才,实际做法却在时时扼杀天才、戕害天才的怪现象,提出自己的看法。演讲有的放矢,针砭时弊,至今仍有很强的现实意义。我国著名教育专家、中国教育学会会长顾明远先生对鲁迅先生这番话进行了教育解释,他说:"今天我们天天在喊要培养创新人才,创新人才在哪里?创新人才是在大众中产生的,是在广大学生中产生的。我们把每一所学校办好,每一堂课上好,创新人才自然会脱颖而出。因此,我认为,办好每一所学校、上好每一节课、教好每一个学生,让每个学生都获得成功,就是在营造创新人才涌现的良好土壤。"[①]顾明远先生这段话也给我们以深刻启迪,创新人才不是喊出来的,而是要付诸切切实实的行动,塑造创新人才成长的优质环境。

基于此,笔者在结语部分提出以下四个观点:

第一,明晰大学附中的基本定位,明确高中阶段是学生创新素养生产的关键学段,大学附中在创新人才培养中具有独特的使命。

前文已经论述了大学附中具备基础性、预备性、衔接性等性质,担负着创新人才培养的示范者、基础教育发展的引领者、大学优秀文化的传承者的时代使命。大

[①] 顾明远. 为创新人才的涌现营造良好的土壤[J]. 创新人才教育,2014,(1).

学附中与大学合作开展教育衔接,正是人才成长连续性的基本要求,因此,大学附中的这些定位本质上是关注人才的可持续性发展。而创新人才必备的许多素质,如兴趣、思维方式、动手能力等,都是在高中阶段培养和发展起来的,创造力作为创新人才的核心特征,同样是在高中阶段得到迅速发展的。有研究表明:"作为一种智能品质,个体的科学创造力在17岁时趋于定型。"[1]也有调查表明发现许多重大"创新"杰作完成于30岁之前,"绝大多数杰出的创新人才20岁出头就已经崭露头角:爱因斯坦发表相对论时26岁,海森堡建立量子力学时24岁,牛顿创立微积分时23岁,爱迪生的第一次发明在21岁,马可尼进行第一次无线电实验时21岁,伽利略发现钟摆原理时18岁,伽罗华提出群论时17岁"。[2] 数据一次又一次论证了"高中阶段是一个人创新意识、创新思维、创新能力发展的关键时期,也是创新人才培养的重要时期"[3]的基本论断。因此,我们教育工作者一定要把握好这个重要时期,在高中阶段培养学生自主学习能力,引导学生从事创新活动。

而大学附中在培养创新人才方面,具有独特的历史使命。

首先,大学附中应该成为创新人才培养的示范者。

创新人才培养是创新型国家建设的重要内容,是事关国家根本利益的核心战略,创新人才培养是一项复杂系统的工程,高中学段处在这项工程最为关键的承上启下阶段,其质量将决定或影响后一级学段(高校学段)学生供应和教育的完成。因此,高中阶段在整个创新人才培养中起着重要的奠基作用。而大学附中作为与大学之间或隶属、或合作的关系,这种关系明显不同于普通高中与大学之间的关系,注定了大学附中需承担更多创新人才培养之责任。各地教育研究专家就此问题提出了论点。华东师范大学终身教授、教育部中学校长培训中心主任陈玉琨指出"大学附中应当在培养创新人才方面发挥示范作用,不仅关注学生知识点的掌握,更要关注学生思维的变化发展"[4]。持类似观点的还有华东师范大学葛大汇教授,他在复旦附中六十周年校庆期间发表《我国大学附中的精英情结》,该文指出:

---

[1] 胡卫平,俞国良.青少年的科学创造力研究[J].教育研究,2002,(1).
[2] 陈平,温元凯.历史上的科学人才——科学家与发明家成长因素的调查报告[J].人民教育,1978,(4).
[3] 罗洁.高中阶段创新人才培养模式的探索[J].教育研究,2013,(7).
[4] 在大学的庇荫之下[N].文汇报,2008-10-06(12).

"高中阶段的学校就应该是有职业的、普通的、综合的、特色的之分的,而复旦附中当然属于并且事实上属于'为优秀高校输送精英学生'一类的综合性优秀学校。深深渗透在复旦附中骨子里的独立、自持、从容与大度,正是我国教育结构与类别中本应有之的精英教育的骄傲。崛起的中国就应该有这样一小部分的精英教育存在……要继续用精英情结去培育精英学生,千万不要把自己混同于一般的普通学校。"①北京师范大学教育学部部长石中英教授指出,大学附中与高中合作"核心的目的就是进一步提高和完善学生的人格,培养他们良好的公民素养,为他们的终身发展做更好的准备,为国家培养更多的拔尖创新人才"。②

其次,大学附中应该成为基础教育发展的引领者。

笔者认为尽管属于基础教育学制体系,大学附中也要成为基础教育发展的引领者。原北京大学附属中学校长康健曾明确提出"大学附中由于有着较大的办学独立性和自主性,较全面而丰富的教育资源,特别是大学文化影响的特殊性,更应当形成独特的大学附中学校文化,成为基础教育发展的领跑者"。③陈玉琨教授也曾说过,在当前阶段,我们的大学附中应当努力做到规范化、精细化、特色化。在制订总体发展规划的基础上,通过细致的个性化的工作,利用自身优势办出特色,让教师的特点和学生的特长充分体现,真正办出人民满意的教育,引领一个地区、一个国家、一个时代的教育发展。那么,问题在于大学附中需要引领基础教育往何处发展?

大学附中要引领先进理念。先进教育理念不是脱离现实的抽象话语,不是喊在嘴里空洞口号,不是挂在校园的标语横幅。我们认为大学附中先进教育理念要符合以下几个特征:(1)先进教育理念要体现学生的主体地位。包括教育教学活动的学生为中心,在尊重、理解、合作开展教育教学活动。比如,中国人民大学附属中学的办学理念是"尊重个性,挖掘潜力,一切为了学生的发展","一切为了学生的发展"是学生本位的思想,指在学校这个大舞台上,主角永远是学生;华东师范大学第二附属中学确立了学校"卓然独立,越而胜己"的办学理念,"卓然独立"强调的是

---

① 葛大汇. 我国大学附中的精英情结[J]. 现代教学,2010,(9).
② 该论断摘自2014年11月石中英教授在中国教育三十年论坛上的发言。
③ 在大学的庇荫之下[N]. 文汇报,2008-10-06(12).

学生的气质与涵养,强调学生的自主发展,从学生角度阐述卓越。"越而胜己"强调学生对于自己的一种超越,清醒地认识自我、发展自我。(2)先进教育理念要有深切的国家情怀。如中国人民大学附属中学的办学理念"一切为了祖国的腾飞",上海交通大学附属中学"饮水思源,爱国荣校"的校训;东北师范大学附属中学的学校理想是"对民族未来负责";南京师范大学附属中学办学目标"建设高品位、高质量、实验性、示范性,具有国际胸怀和中国精神,并以科学与人文的综合性、学术性、实践性见长的,全球化时代中国卓越中学"。(3)先进教育理念要烙上时代印记。先进的办学理念要随着时代的发展而不断发展。比如复旦附中初创时期倡导"脚踏实地,艰苦奋斗,五育兼修,为国奋斗",逐步发展并形成了"重基础、重能力、重创新和重个性"的特色,特别是学校素以"教风民主严谨、学风踏实自主、学生基础厚实"闻名。在迈向现代化的背景下,强调构筑学生文化交流的桥梁和平台,培养学生具备国际化视野及对多元文化的包容共存。

大学附中要引领改革实践。引领改革实践就是通过最切实际的办学举措,引领、推动实现国家教育发展改革的基本诉求。目前我国享有声望的一些大学附属中学已通过办分校或者集团化委托管理的形式实现优质教育资源的辐射,推动教育均衡发展。在北京,中国人民大学附属中学从2002年开始不断探索"多元化办学体制机制",扩大优质教育资源,倡导教育家办学,推广中国人民大学附属中学素质教育的理念、做法和经验,形成了一整套教育模式,以中国人民大学附属中学为基础,整合直管校、托管合并薄弱校、受托承办校、手拉手学校、帮扶校、联谊校、国际学校等形成中国人民大学附属中学联合学校总校,目前已有集团学校23所[①]。总校对成员学校的辐射包括了"统一备课"、"派出干部、教师"、"接受学生留学"等各个方面。十多年来,带动这些地区的学校转变教育理念、改变教育方法、实践新教育的思想,让贫困地区的学生也享受到了高端优质的教育资源。清华大学附属中学分别开办了清华附中朝阳学校、永丰学校、上地学校、秦汉学校、丰台学校和今年的奥森、将台路校区;在上海,复旦大学附属中学的青浦分校、浦东分校;上海交通大学附属中学的嘉定分校、闵行分校;华东师范大学第二附属中学的紫竹校区;

---

① 该数据来源于人大附中官网联合学校资料相关栏目:http://www.rdfz.cn/lhzx/lhzxxw/;资料摘取时间为2015年11月2日。

上海师范大学附属中学的闵行分校等等。

大学附中要引领特色发展。《上海市中长期教育改革和发展规划纲要(2010—2020年)》提出要"推动普通高中多样化和特色化发展。支持高中学校从实际出发,发挥传统优势,探索多样化办学模式,形成独特的教育理念和人文环境,形成一批教育方式独特、学科优势明显、活动富有创意等特色高中"。众所周知,大学作为专业化教育的最高教育阶段,其人才培养具有特殊多样性内涵。而通过发展大学附中的形式,将大学的理念、思想、特色等为高中所用,一定程度上可以推进普通高中的特色与多样发展。在北京,中央美术学院附中建校之初,依托中央美术学院,汇聚了一大批优秀师资力量,以严格、系统的专业训练和全面的文化素质培养为教育特色,以培养优秀、合格的艺术院校后备人才为其根本任务和坚定追求,尊重中等专业美术教育的规律,在中国正统的艺术教育体系中为国家的文化建设培养了一大批高素质的中等美术人才和高等艺术院校的优秀后备生[①]。在上海,上音附中建校六十年来,依托上海音乐学院,以培养国家级音乐人才为己任,遵循音乐教育的规律,结合青少年的特点,形成自身鲜明的办学特色:"重视基础学习、强化专业训练、勤于艺术实践、培养全面人才。"上海体育学院附中依托上海体育学院,提出"博·搏"校训,内涵是"责任、信念、激情、卓越、竞争";精神是"更高、更快、更强"奥运精神的诠释,这体现了鲜明的体育运动办学特色。

最后,大学附中应该成为大学优秀文化的传承者。

从大学附中的发展历程看,大学附中的本真意义在于更好地适应大学的教学氛围与环境。现代大学有不同的文化传统,对于人才的选拔与培养有其独特的理念与见解,这对于人才的多样发展有积极意义。大学附中传承隶属大学的传统文化、优秀文化,也必然利于现代高中多样化的发展。陈玉琨教授指出大学附中的教育教学工作虽然属于中等教育的范畴,但又不能简单地将它完全等同于一般的中学。作为高等院校的一个附属部分和延伸体,作为连接高等教育与基础教育的一条纽带,在当前,大学附中有它特殊的发展优势和特殊的历史使命,这就是"对接大学文化,培养创新精神"。北京师范大学附属中学校长刘沪在谈到北京师大附中的

---

① 资料参见中央美术学院附中官网:http://www.faschool.net/。资料摘录日期2015年11月2日。

办学追求的时候,也曾明确指出①,按照大学精神办附中,是我们的追求,……要始终争取"用大学的氛围培养中学生","像办大学那样办好附中",在办学实际中绝不会因为追求升学率,而片面地搞应试教育,不会改变自己的办学目标和培养目标,坚定地推进素质教育。

在实践中,我们可以从各大学附属中学的办学实践、办学思想、办学理念和办学传统中找出大学文化的深刻烙印。例如,中央民族大学附属中学在办学实践中,始终践行并秉持着中央民族大学多个民族的共存、多元文化的交融、多样一体的教育,担当着"民族团结、边疆稳定"的国家使命和"文化传承、人才培养"的国家责任;清华大附属中学将清华大学"自强不息、厚德载物"的校训作为校训;复旦大学附属中学将复旦大学"博学而笃志、切问而近思"作为学校的校训;上海交通大学附属中学将上海交通大学"思源致远、爱国荣校"作为校训。当然,大学附中传承大学的文化并不意味着大学附中失去独立的文化意识,大学附中完全可以在汲取大学文化基础上,创生属于自己的校本特色文化。

第二,创新人才的成长需要优质的环境,而这种优质环境可以由大学附中与大学共同塑造,通过深度合作来实现。

陈玉琨教授曾指出:"创新人才在急躁冒进的氛围中很难产生。为此,教育需要有超然的,尤其是超功利的情怀,社会则应当形成相对宽松的氛围。"②笔者曾撰文论述过创新人才成长需要空间③。与之相应,他们的创新素养,需要不断敞现和生成,而不能按照固定的模式预定和塑造;学校教育,需要敞开越来越辽阔的希望空间,而不是打造越来越固化的机械模具。因此,尽管我们可以继续采用"培养创新人才"这一强调过程的表述方式,但我们应该赋予它新的内涵,即致力于优化教育资源、采用新的教育方式,让学生内在的创新素养通过跟优质教育资源的交互作用而得以不断敞现和生成。这种优质环境不仅需要政府搭台、学校唱戏,也要社会的理解与宽容,家长的支持与配合,这些均属于优质环境搭建之范畴。

在这些环境中,最主要的是高中与大学的合作,这是教育系统重要的内部环

---

① 刘沪. 在大学的庇荫之下[N]. 文汇报,2008-10-06(12).
② 陈玉琨. "偏了怪了"就是创新人才吗[N]. 解放日报,2011-4-4(8).
③ 徐向东. 为创新人才的成长"敞开"空间[J]. 上海教育,2011,(11).

境。关于创新人才的培养,高中经常属于被遗忘的角落,直到近几年才得到理论界和教育实践界的关注。其中,主要原因是创新人才的培养一贯以来被视之为大学的主要责任与义务,而中学只是从属做好此项工作。正如有学者撰文所表达的那样:"长期以来,创新人才的培养被视为高等教育的'专利',基础教育一直埋首于'知识传授'的耕耘中,并未参与学生创新能力的培养。在大学进行了诸多探索仍收效甚微后,人们逐渐意识到创新人才的培养是一项系统工程,需要各个教育阶段的共同努力。如果在人才培养的源头没有打好基础,仅凭大学一己之力是不可能'竣工'的。"[1]所以,需要高中、大学附中与大学都站在主体责任视角,相互衔接。大学附中根据大学的培养定位调整培养方式,向上对接,而大学也要根据大学附中的实际情况,进行下延对接。在衔接方式上,突破单一的、表面的合作方式,实现深度合作,横向上外延拓宽,纵向上加深内涵。正如谢维和所说:"高中跟大学之间的衔接面实际上是很宽的,但是我们现在仅仅认为或者在体制上仅仅把高考作为一个衔接机制,这样是把大学和高中的衔接局限在高考上,这在很大程度上束缚了我们的衔接。"[2]

第三,面对高考"指挥棒",我们完全可以有所作为,带着"枷锁"跳舞。

从1977年恢复高考以来,高考为我国的建设事业输送出一大批优秀人才。如1977年当年,全国普通高校招生27万人,1998年108万人,2002年320万人,2010年达到657万人,2015年达到约700万人。在高等教育发展壮大的历程中,高考在保证人才选拔的质量和人才选拔的公正性,以及全面提高教育质量等方面发挥着重大作用,功不可没。但多年来高考因为"变成了中小学教育的'指挥棒';'一考定终身'不利于社会对人才的多样化需求,也不利于杰出人才脱颖而出;太重知识基础,不能很好地反映学生的综合素质和能力;不利于形成学生创新思维能力"[3]等也日益受到批判。事实上,"考试本身没有错,错的是高考制度把考分当作唯一的评价和选拔人才的标准。因此,把书面考试成绩当作评价人才、选拔人才的唯一标准是不科学、不合理的"[4]。

---

[1] 郑若玲,谭蔚,万圆. 大中学衔接培养创新人才:问题与对策[J]. 教育发展研究,2012,(21).
[2] 该论述摘自于清华大学谢维和教授在第四届著名大学中学校长峰会的发言。
[3] 陈金芳. 高考招生制度改革走向分析[J]. 教育研究,2011,(10).
[4] 向洪,李向前. 创新人才研究[M]. 成都:西南交通大学出版社,2006:453.

高考,不仅对我国,在国外也客观存在,且并不像我们描述的那样轻松与简单。韩国、日本、新加坡、美国等,都面临着不同的高考,且高考也成为人成长与发展的分水岭,但这些国家的高考制度并没有对这些国家的创新人才的成长以及成为国际上公认的创新国家而有负面影响。因此,可以推断出,高考与创新人才成长与发展并没有直接相关性。我们可以明确地说:我国高考制度是"最不坏"的制度。我们需要明确的是要在"高考"这个舞台上把舞跳好。人大附中校长刘彭芝坦言:"对于我们这一代教育工作者来说,最重要的担当,也许就是带着桎梏舞蹈,奋力探索出一条创新人才培养的新路子、奋力开辟出一片创新人才培养的新天地。为了这个重要的担当,我们可以无怨无悔、乐而忘忧。"[1]

---

[1] 该论述摘自于人大附中校长刘彭芝在第四届著名大学中学校长峰会的发言。

附录

一、调查问卷

尊敬的各位校友:

我们正在做一个您在高中学校学习经历的问卷调查,该问卷所有调研内容并不涉及您的个人隐私,请您放心作答。

谢谢您的帮助与支持!

1. 您是否参加过学校的各种科技活动( )

   A. 是   B. 否

2. 您在大学的专业类型是( )

   A. 人文社科类   B. 理工类

3. 您觉得目前大学所学专业与在交大附中高中学习参加的各项科技活动、特色课程( )

   A. 有很高的相关度   B. 有部分相关度

   C. 没有相关度

4. 您认为在学校的学习经历给您带来的最大收获是( )(可多选)

   A. 思维方式的转型   B. 人生定位的明确

   C. 知识能力的获取   D. 视野的开阔

5. 学校哪些学习经历曾让您产生过对未来发展的思考( )(可多选)

   A. 日常学习中   B. 生涯规划课程

C. 讲座讲坛　　　　　　　　　　D. 课外探究性活动

6. 您认为学校的特色课程建设应遵循的原则是(　　)(可多选)

　A. 学校特色定位　　　　　　　B. 学生发展兴趣

　C. 完备知识体系　　　　　　　D. 现实资源条件

7. 您认为学校开展探究性活动主要意义在于(　　)(可多选)

　A. 彰显学校特色　　　　　　　B. 深化课程教学效果

　C. 丰富教学与学习形式　　　　D. 激发学生兴趣

8. 您认为学校的"科技教育"对学生的影响是(　　)(可多选)

　A. 理性的思维方式　　　　　　B. 崇尚科学的精神

　C. 探索创新的意识　　　　　　D. 科技知识与常识

9. 您认为学校的"科技教育"校园文化氛围(　　)

　A. 已成为学校特色　　　　　　B. 逐渐形成主流

　C. 正在被了解接受　　　　　　D. 尚不显著

10. 您认为学校"科技教育"所遵循的基本价值理念是(　　)(可多选)

　A. "大生态"的人文情怀　　　　B. 数字学习与国际理解

　C. 立足现实解决问题　　　　　D. 对批判质疑权威

11. 您认为学校"科技教育"对学生核心学习品质的价值认同是(　　)(可多选)

　A. 通力协作　　B. 勤学善思　　C. 创意突破　　D. 文化自信

12. 您认为交大附中学生身上最显著的"教育烙印"或精神气质是(　　)(可多选)

　A. 求真求实　　B. 大气卓越　　C. 社会担当

　D. 感恩责任　　E. 创新探究

13. 您认为推动交大附中"科技教育"的核心人文价值是(　　)(可多选)

　A. 生命意识　　B. 个性发展　　C. 家国情怀　　D. 文明传承

14. 在学校的学习经历对自己后来发展的意义是(　　)

　A. 至关重要　　B. 重要的　　　C. 有用的　　　D. 不确定

15. 您对学校进一步深入开展创新人才培养的建议？

二、对在校老师的访谈提纲

1. 您觉得学校开展创新人才培养之后,在校学生的学习行为、学习习惯是否有改变?可否举一个案例或讲述一个故事?

2. 开展创新人才培养以来,对自己的教育教学是否产生过冲击?可能对你有什么影响?

3. 从老师自身的发展角度看,您对学校开展创新人才培养有什么建设性意见?

三、对2010—2014届部分毕业生的访谈提纲

1. 您觉得学校科技创新活动对你的当下的学习产生了哪些影响?可否举一个相关的案例或讲个故事?

2. 您觉得学校的科技探究活动的持续性开展给学校科技文化氛围带来了怎样的影响?

3. 站在校友的视角,您对学校开展创新人才培养有何建议?

四、对部分大学附中校长的访谈提纲

1. 您觉得大学附中与普通高中比较,她的特殊性在哪里?在当下大学附中承担着何种新的使命?

2. 您认为大学附中与大学合作培养创新人才的实际价值在哪里?

3. 您觉得当前大学附中与大学合作培养创新人才还存在哪些问题?如何解决?

4. 对于当下大学附中的发展趋势,结合贵校的研究与实践,您是否有相关建设性意见?

五、50所美国大学附中名单

1. 早期学院高中(Early College High School)
2. 贝克展示学校(Baker Demonstration School)
3. 巴德早期学院高中(Bard High School Early College)
4. 巴赫学院附属高中(Baruch College Campus High School)
5. 贝勒医学院雷恩高中(Baylor College of Medicine Academy at Ryan)
6. 伯里斯实验学校(Burris Laboratory School)
7. 肯塔基卡罗马丁高顿数学与科学高中(Carol Martin Gatton Academy of Mathematics and Science in Kentucky)
8. 早期挑战学院高中(Challenge Early College High School)
9. 斯塔特岛学院国际研究高中(College of Staten Island High School for International Studies)
10. 东方早期学院高中(East Early College High School)
11. 伊斯特伍德学院(Eastwood Academy)
12. 教育实验学校(Education Laboratory School)
13. 福克学校(Fanny Edel Falk Laboratory School)
14. 格拉斯蒙特中等学院高中(Grossmont Middle College High School)
15. 纽约城市学院附属数学、科学和工程高中(High School for Math, Science and Engineering at City College)
16. 雷曼学院美国研究高中(High School of American Studies at Lehman College)
17. 休斯敦国际研究学院(Houston Academy for International Studies)
18. 亨特学院高中(Hunter College High School)
19. 印第安纳大学高中(Indiana University High School)
20. 艾特尼尔斯早期学院高中(Itineris Early College High School)
21. 路易斯安娜州立大学实验学校(Louisiana State University Laboratory School)
22. 玛莎斯特恩(Marsha Stern Talmudical Academy)
23. 盛塔安娜中间学院高中(Santa Ana Middle College High School)
24. 斯托克顿中间学院高中(Middle College High School at Stockton)

25. DTCC中间学院高中(Middle College High School at DTCC)
26. 拉呱迪亚社区学院附属中间学院高中(Middle College High School at LaGuardia Community College)
27. 使命早期学院高中(Mission Early College High School)
28. 模范实验学校(Model Laboratory School)
29. 北休斯敦早期学院高中(North Houston Early College High School)
30. 奥克兰早期学院(Oakland Early College)
31. P. K.勇格研究发展学校(P. K. Yonge Developmental Research School)
32. 佩斯大学高中(Pace University High School)
33. 匹斯堡大学预科学校(Pittsburgh Milliones, University Preparatory School)
34. 普利阿斯学校(Preuss School)
35. 皇后科学高中(Queens High School for the Sciences)
36. 莱斯大学附属学校(The Rice School)
37. 哥伦比亚大学附属学校(The School at Columbia University)
38. 科技高中(SciTech High)
39. 斯坦福大学在线高中(Stanford University Online High School)
40. 飓风早期学院高中(Toledo Early College High School)
41. 跨山早期学院高中(Transmountain Early College High School)
42. 伊利诺伊大学厄巴纳香槟分校实验高中(University Laboratory High School, Urbana Illinois)
43. 芝加哥大学实验学校(University of Chicago Laboratory Schools)
44. 休斯敦大学特许学校(University of Houston Charter School)
45. 苏里大学高中(University of Missouri High School)
46. 内布拉斯加大学林肯分校独立研究高中(University of Nebraska – Lincoln Independent Study High School)
47. 得克萨斯大学附属学校(University of Texas Elementary School)
48. 亨利韦斯特实验学校(Henry S. West Laboratory School)
49. 犹太大学女子高中(Yeshiva University High School for Girls)
50. 波士顿学院高中(Boston College High School)

参考文献

一、中文著作、报告

［1］（美）奥斯特曼,科特坎普.教育者的反思实践：通过专业发展促进学生学习［M］.郑丹丹,译.北京：中国轻工业出版社,2010.

［2］裴娣娜.教育研究方法导论［M］.合肥：安徽教育出版社,1995.

［3］（美）赫伯特·金迪斯.走向统一的社会科学：来自桑塔费学派的看法［M］.上海：世纪出版集团,2005.

［4］霍尔姆斯组织.明日之教师——美国霍尔姆斯组织的报告［R］.长春：东北师范大学出版社,1992.

［5］北京市"翱翔计划"《创新——让人生插上翱翔的翅膀》课题研究报告.

［6］邵志勇.为了创新型后备人才的培育——依托高校合作办学培养创新型人才的研究与实践［M］.上海：上海教育出版社,2013.

［7］何晓文.德育引领创新：华东师范大学第二附属中学创新人才培养的探索与实践［M］.上海：华东师范大学出版社,2009.

［8］（美）斯滕伯格.智慧智力创造力［M］.王利群,译.北京：北京理工大学出版社,2007.

［9］（美）斯滕伯格.创造力手册［M］.施建农,译.北京：北京理工大学出版社,2005.

［10］李苹莉.经营者业绩评价——利益相关者模式［M］.杭州：浙江人民出版社,2001.

［11］赵健.学习共同体［M］.上海：华东师范大学教育科学学院,2005.

［12］（英）齐格蒙特·鲍曼.共同体［M］.南京：江苏人民出版社,2003.

［13］（日）佐藤学.学习的快乐：走向对话［M］.北京：教育科学出版社,2004.

［14］（美）克里斯·阿吉里斯,唐纳德·舍恩.组织学习2：理论、方法与实践［M］.姜文波,译.北京：人民大学出版社,2011.

［15］（美）奥斯特曼,科特坎普.教育者的反思实践——通过专业发展促进学生学习［M］.郑丹丹,译.北京：中国轻工业出版社,2010.

［16］（美）彼得·圣吉.第五项修炼：学习型组织的艺术与实务［M］.上海：上海三联出版社,2003.

[17] 马克思恩格斯选集[M].北京：人民出版社,1995.
[18] 向洪,李向前.创新人才研究[M].成都：西南交通大学出版社,2006.
[19] 何晓文.卓越教育的理论与实践研究[M].上海：华东师范大学出版社,2014.
[20] 陈玉琨.教育：为了生命的幸福成长[M].上海：华东师范大学出版社,2012.
[21] 王晓东.西方哲学主体间性理论批判——一种形态学的视角[M].北京：中国社会科学出版社,2004.
[22] 弗莱德·R·多尔迈.主体性的黄昏[M].万俊人,译.上海：上海人民出版社,1992.
[23] 郅庭瑾.为思维而教[M].北京：教育科学出版社,2007.
[24] 张志勇.创新教育中国教育范式的转型[M].济南：山东教育出版社,2007.
[25] 冯有朋.创新人才研究[M].成都：西南交通大学出版社,2006.
[26] 艾伦·C·奥恩斯坦,莱文·丹尼尔.教育基础(第八版)[M].南京：江苏教育出版社,2003.
[27] 檀传宝.学校道德教育原理(修订版)[M].北京：教育科学出版社,2003.
[28] 黄晋太.教育创新与创新人才培养[M].北京：红旗出版社,2002.
[29] 顾明远,孟繁华.国际教育新理念[M].海南：海南出版社,2001.
[30] 顾明远.跨世纪创新人才培养国际比较[M].北京：人民教育出版社,2000.
[31] 黄向阳.德育原理[M].上海：华东师范大学出版社,2000.
[32] 庄寿强,戎志毅.普通创造学[M].徐州：中国矿业大学出版社,1997.
[33] 刘军.中国近代大学预科发展研究[D].华东师范大学,2012.
[34] 刘沪.北京师大附中[M].北京：人民教育出版社,2000.
[35] 李伟胜.学校文化建设新思路：主动生成[M].北京：北京师范大学出版社,2012.
[36] (美)杜威.民主主义与教育[M].王承绪,译.北京：人民教育出版社,1990.
[37] 陈桂生.普通教育学纲要[M].上海：华东师范大学出版社,2009.
[38] 陈桂生.教育原理(第三版)[M].上海：华东师范大学出版社,2012.
[39] 唐盛昌,李英.高中国际课程的实践与研究[M].上海：上海教育出版社,2011.
[40] 王越,周德昌.中国近代教育史[M].长沙：湖南教育出版社,1986.
[41] 毛礼锐,沈灌群.中国教育通史：第二卷[M].济南：山东教育出版社,1986.
[42] 黄福涛.外国高等教育史[M].上海：上海教育出版社,2003.
[43] 崔允漷,冯生尧.谁赢得高中,谁就赢得人才[M].上海：华东师范大学出版社,2013.
[44] 黄俊杰.大学通识教育的理念与实践[M].武汉：华中师范大学出版社,2001.
[45] 杜威.我们怎样思维·经验与教育[M].姜文闵,译.北京：人民教育出版社,2005.
[46] 戴维·T·康利.谁在管理我们的学校——变化中的角色责任[M].侯定凯,译.上海：华东师范大学出版社,2011.
[47] 傅进军,赵祖地,吴小英,等.创新人才培养的教育环境建设研究[M].北京：科学出版社,2011.
[48] 傅进军.创新人才培养的教育环境建设研究[M].北京：科学出版社,2011.
[49] 胡东芳.教师教育精品教材·拓展系列·教育研究方法：哲理故事与研究智慧[M].上海：华东师范大学出版社,2009.
[50] 林崇德.创新人才与教育创新研究[M].北京：经济科学出版社,2009.

[51] 霍华德·加德纳. 多元智能新视野[M]. 沈致隆, 译, 北京: 中国人民大学出版社, 2008.
[52] 张俊华. 教育领导学[M]. 上海: 华东师范大学出版社, 2008.
[53] 钟秉林. 中国大学改革与创新人才教育[M]. 北京: 北京师范大学出版社, 2008.
[54] 霍益萍, 王建军. 科教合作: 高中科学教师培训新探索[M]. 上海: 科学普及出版社, 2007.

二、中文论文、报纸

[1] 朱旻娜. 创新人才培养与高等教育创新[J]. 广西大学学报(哲学社会科学版), 2007.
[2] 谢维和. 从教育的间断性与连续性看高中改革——再论高中教育的定位与选择[N]. 中国教育报, 2012-03-02(6).
[3] 冯明. 大学附中的合作现状、价值、优势与发展[J]. 教育发展研究, 2013, (4).
[4] 申继亮. 关于我国普通高中教育发展的思考[J]. 教育发展研究, 2010, (6).
[5] 许丽艳. 高校—高中协同创新: 助力高中教育质量[J]. 中小学管理, 2013, (6).
[6] 郑若玲, 等. 大中学衔接培养创新人才: 问题与对策[J]. 教育发展研究, 2012, (11).
[7] 常宝宁. 普通高中如何多样化发展[N]. 光明日报, 2014-12-16(14).
[8] 王占宝, 常力源, 蔡晓东, 李桢, 吴颖民, 张真, 陈履伟, 王殿军, 边团结, 刘信生, 张万琼. 中学校长对创新人才培养的思考[J]. 基础教育参考, 2012, (7).
[9] 肖远骑. 为拔尖创新人才'拉开大幕'——来自中国人民大学附属中学的探索[J]. 中小学管理, 2010, (5).
[10] 王殿军. 深化课程改革提供多样化的课程供给[J]. 基础教育参考, 2013, (1).
[11] 陈玉成, 孙鹤娟. "三主体"教育: 内涵、性质与价值[J]. 教育研究, 2012, (10).
[12] 张杰. 拔尖创新人才培养的理念和实践[J]. 创新人才教育, 2013, (2).
[13] 于凤银. 非连续性教育: 教育研究的新领域[J]. 江西教育科研, 2003, (6).
[14] 赵淑梅. 大学与高中教育衔接研究的概况与展望[J]. 江苏高教, 2014, (2).
[15] 周作宇. 创新人才培养的话语分析[J]. 现代大学教育, 2010, (4).
[16] 郑若玲, 谭蔚, 万圆. 大中学衔接培养创新人才: 问题与对策[J]. 教育发展研究, 2012, (21).
[17] 陈金芳. 高考招生制度改革走向分析[J]. 教育研究, 2011, (10).
[18] 赵玉丹. 大学与中学伙伴合作: 国外研究的现状及述评[J]. 内蒙古师范大学学报(教育科学版), 2007, 20(3).
[19] 张景斌. 大学与中小学的伙伴协作: 动因、经验与反思[J]. 教育研究, 2008, (3).
[20] 谌启标. 西方国家大学与中小学的合作伙伴研究[J]. 教育评论, 2009, (3).
[21] 张婷婷. 美国高中大学先修课程的发展及启示[J]. 教育科学研究, 2015, (11).
[22] 田立新. 在高中上大学——走近美国大学预修课程[J]. 世界教育信息, 2004, (6).
[23] 翁燕文. 全球化背景下的国际高中课程述评[J]. 宁波教育学院学报, 2008, 10(4).
[24] 刘新. 国际IB教育简评——基于IBDP课程分析[J]. 兰州教育学院学报, 2012, 28(8).
[25] 钞秋玲, 王梦晨. 英国创新人才培养体系探究及启示[J]. 西安交通大学学报(社会科学版), 2015, 35(2).

[26] 李宋昊,肖正德.国内大学与中小学伙伴合作研究进展[J].全球教育展望,2010,(5).
[27] 石中英.关于现阶段普通高中教育性质的再认识[J].教育研究,2014,(10).
[28] 刘万海.我国高中教育改革:历史经验与未来选择[J].全球教育展望,2014,(3).
[29] 谢维和.从教育的间断性与连续性看高中改革——再论高中教育的定位与选择[N].中国教育报,2012-03-02(6).
[30] 吕明凯."春笋计划":问道创新素质和创新人才培养[J].基础教育课程,2011,(10).
[31] 常力源.为培养创新型高素质人才奠基——湖南师范大学附属中学的办学思想与实践[J].中国教育学刊,2008,(5).
[32] 纪程.多样化、个性化:让学生在科学家身边成长——北京市教委副主任罗洁谈"翱翔计划"[J].基础教育课程,2011,(10).
[33] 沈祖芸.上海探索创新人才培养多元模式:四所高中"实验班"观察报告[J].上海教育,2009,(5B).
[34] 杨婧.从美国生涯教育的经验看我国普通高中生涯教育及其课程设置[D].天津师范大学,2007.
[35] 吴凤丽.高中阶段职业生涯规划课程的设计研究[J].科学教育家,2008,(5).
[36] 万圆.论高中创新教育实验班的办学特色[J].厦门广播电视大学学报,2014,(5).
[37] 黄岳辉,刘成静.普通高中阶段职业生涯教育探析[J].上海师范大学学报(基础教育版),2007,(6).
[38] 吴炳进.高中生涯辅导课程设计的实践探索[J].中国校外教育,2009,(7).
[39] 周羽全.我国台湾地区中小学生涯教育研究[D].上海师范大学,2011.
[40] 罗汉书.职业生涯教育的国际经验剖析[J].教育发展研究,2005,(7).
[41] 常学勤.发达国家生涯教育的经验与启示[J].教育研究与实验,2009,(3).
[42] 徐向东.无缝衔接:中学依托高校进行创新人才早期培养的理念与策略——以上海交大附中"科技实验班"为例[J].全球教育展望,2012,(4).
[43] 唐景莉.寻找创新人才培养对接点[N].中国教育报,2013-05-31(05).
[44] 刘献君,张晓冬."少年班"与"精英学院"绩效诉求抑或制度合法化[J].现代大学教育,2011,(5).
[45] 吴康宁.从利益联合到文化融合:走向大学与中小学的深度合作[J].南京师大学报(社会科学版),2010,(3).
[46] 王少非,崔允漷.大学—中小学伙伴关系:一种分析框架[J].全球教育展望,2005,(3).
[47] 陈宏辉.企业的利益相关者理论与实证研究[D].浙江大学,2003.
[48] 郑威,李芒.学习共同体及其生成[J].全球教育展望,2007,(4).
[49] 冯建军,尚致远.走向类主体——当代社会人的转型与教育变革[J].教育研究,2005,(1).
[50] 顾明远.全球化时代比较教育的挑战与使命[J].比较教育研究,2015,(4).
[51] 肖明波.芝加哥大学校长哈钦斯[N].中华读书报,2013-11-27.
[52] 孙金鑫.拔尖创新人才的早期培养——来自名人大家的观点[J].中小学管理,2010,(5).

[53] 张志敏.高中教育和创新人才的培养[J].上海教育科研,2007,(6).
[54] 顾明远.为创新人才的涌现营造良好的土壤[J].创新人才教育,2014,(1).
[55] 胡卫平,俞国良.青少年的科学创造力研究[J].教育研究,2002,(1).
[56] 陈平,温元凯.历史上的科学人才——科学家与发明家成长因素的调查报告[J].人民教育,1978,(4).
[57] 罗洁.高中阶段创新人才培养模式的探索[J].教育研究,2013,(7).
[58] 在大学的庇荫之下[N].文汇报,2008-10-06(12).
[59] 葛大汇.我国大学附中的精英情结[J].现代教学,2010,(9).
[60] 陈玉琨."偏了怪了"就是创新人才吗[N].解放日报,2011-4-4(8).
[61] 徐向东.为创新人才的成长"敞开"空间[J].上海教育,2011,(11).
[62] 郑若玲,谭蔚,万圆.大中学衔接培养创新人才:问题与对策[J].教育发展研究,2012,(21).
[63] 陈金芳.高考招生制度改革走向分析[J].教育研究,2011,(10).
[64] 刘彭芝.着眼于每个学生发展的教育创新探索[J].中国教育学刊,2008,(6).
[65] 刘彭芝.奉献求真创新:为了未来的教育[J].中国教育学刊,2007,(10).
[66] 刘彭芝.创新人才培养的实践与思考[J].基础教育参考,2011,(3).
[67] 刘彭芝.改革教学管理模式 追求教学高效益[J].中小学管理,1997,(7—8).
[68] 刘彭芝.关于培养拔尖创新人才的几点思考[J].教育研究,2010,(7).
[69] 刘彭芝,周建华,张建林.整体构建大中小学创新人才培养新模式的研究与实践[J].教育研究,2013,(1).
[70] 陈玉琨.引领、继承与创新[J].上海教育,2011,(2).
[71] 霍益萍.高中:基础+选择[N].中国教育报,2012-03-09(6).
[72] 周坤亮.对普通高中教育定位的思考[J].教育发展研究,2013,(22).
[73] 王殿军.以学生为本,为领袖人才奠基——对清华大学附属中学教育使命的思考[J].未来教育家,2013,(1).
[74] 申继亮.关于我国普通高中教育发展的思考[J].教育发展研究,2010,(6).
[75] 张华.高中课程改革的问题、理念与目标[J].全球教育展望,2003,(9).
[76] 李建平.高中:为学生终身发展奠基[N].中国教育报,2014-02-21(1).
[77] 周彬.普通高中教育的发展困境与优化策略[J].教育发展研究,2009,(1).
[78] 廖军和,李志勇.从精英到大众:我国普通高中教育定位之思考[J].教育科学研究,2011,(2).
[79] 唐盛昌.基于创新人才培养的高中教育改革探索[J].中国教育学刊,2012,(5).
[80] 唐盛昌.人才培养模式创新:从思考到行动[J].人民教育,2011,(17).
[81] 唐盛昌.优秀创新人才早期培养初探[J].上海师范大学学报(基础教育版),2009,(1).
[82] 唐盛昌.素质教育背景下创新人才早期培养的思考[J].上海教育科研,2008,(4).
[83] 唐盛昌.基础教育需要大力培养创新精神[J].教育发展研究,1999,(7).
[84] 林崇德,胡卫平.创造性人才的成长规律和培养模式[J].北京师范大学学报(社会科学版),2012,(1).
[85] 张力.促进大中小学有机衔接 更新人才培养观念和模式[J].人民教育,2012,(1).

［86］李祖超,别雪君.美国高校拔尖创新人才培养模式评析[J].中国高等教育,2011,(18).
［87］曹红旗,王桂亮.创新素养与课程开发[J].教育研究,2003,(9).
［88］张民生.坚持教育创新　加快上海基础教育现代化建设[J].人民教育,2003,(7).
［89］刘宝存.创新人才理念的国际比较[J].比较教育研究,2003,(5).
［90］冷余生.论创新人才培养的意义与条件[J].高等教育研究,2000,(1).
［91］阎光才,丁贵春.我国普通高中教育与高等教育衔接中的障碍分析[J].石油大学学报(社会科学版),1992,(2).

三、外文文献

［1］Poplin D. E. Communities：A Survey of Theories and Methods of Research [M]. New York：Macmillan,1979：44-46.

［2］Shia Kapos. John Rogers to Exit U of C Lab Schools Board [N]. Chicago Business,2014-12-04.

［3］J. P. Guilford. Traits of Creativity [M]. New York：Harper & Publisher,1959.

［4］Guilford J. P. Cognitive Styles：What Are They? [J]. Educational and Psychological Measurement,1980,(40).

［5］Lucas,R. E. On the Mechanics of Economic Development [J]. Journal of Monetary Economics,1988,(22).

［6］Sehultz,T. W. Investment in Human Capital [J]. The American Economic Review,1961,51(1).

［7］James A Anderson. Universities As If Students Mattered：Social Science on the Creative Edge [J]. Review of Higher Education,2007,30(3).

［8］Per Morten Kind, Vanessa Kind. Creativity in Science Education：Perspectives and Challenges for Developing School Science [J]. Studies in Science Education,2007,(43).

［9］Mackinnon,Donald W. The Nature and Nurture of Creative Talent [J]. American Psychologist,1962,17(7).

［10］Guilford·J. P. Some Misconceptions Regarding Measurement of Creative Talents [J]. Journal of Creative Behavior,1971,5(2).

［11］U. S. Department of Education, Office of Planning, Evaluation and Policy Development. ESEA Blueprint for Reform [R]. Washington,D. C. ,2010.

［12］William C. Symonds, Robert B. Schwartz and RonaldFerguson. Pathways to Prosperity：Meeting the Challenge of PreparingYoung Americans for the 21st Century [R]. Report Issued by the Pathways to Prosperity Project, Harvard Graduate School ofEducation, 2011.

［13］Sahlberg, P. Secondary Education in OECD Countries [R]. European Training Foundation. 2007.

［14］Numminen, U. & Kasurinen, H. Evaluation of EducationalGuidance and Counselling in Finland [M]. Helsinki：National Boardof Education, 2003.

[15] Susan P. Santoli. Is There an Advanced Placement Advantage? [J]. American Secondary Education, 2002,(30).

[16] Robert L. Brennan. Evidence-centered Assessment Design and the Advanced Placement Program: A Psychometrician's Perspective [J]. Applied Measurement in Education, 2010,(23).

[17] Ellie Ashford. AP Courses Get Audited for Quality [J]. The Education Digest, 2007, (72).

[18] Jack Schneider. Privilege, Equity, and the Advanced Placement Program: Tug of war [J]. Journal of Curriculum Studies, 2009,(41).

[19] Emerson, R. M. Power — dependence Relations [J]. American Sociological Review, 1962,(17).

[20] Clarkson, M. A Stakeholder Framework for Analyzing and Evaluating Corporate Social Performance [J]. Academy of Management Review, 1995,20(1): 92-117.

[21] Mitchell, A. & Wood, D. Toward a Theory of Stakeholder Identification and Salience: Defining the Principle of Who and What Really Counts [J]. Academy of Management Review, 1997,22(4): 853-886.

[22] R. Edward Freeman, David L. Reed. Stockholders and Stakeholders: A New Perspective on Corporate Governance [J]. California Management Review, Spring,1993.

致谢

几年前,很多领导、朋友和同事带着疑惑的眼神看待我读博士这件事。在他们看来,我实在没有必要去读这个博士。理由是:快"奔五"的人了,又是学工科出身,对教育理论是没有扎实基础,平日工作这么忙,根本是读不出来的!还有人认为,我在坊间所认可的"名校"附中担任校长,并且已经取得了不俗的业绩,身边萦绕着各种光环,该有的都有了,没有必要再去"折腾"了。

说实话,我也曾不止一刻地思索着,苦苦无奈挣扎着。直到2010年教育部中学校长培训中心的一次校长培训活动,与陈玉琨教授闲谈之中,为自己找到读博的理由。先生平淡地说:"向东,平时教育工作多是例行公事,至于推动教育改革很多亦是应景。作为知名大学附中的领头羊,你要切实做一些事情,或推动教育改革,或提供成功经验。因为担负着名校的历史责任你不能随遇而安,平凡度过。读教育博士并非是为了将自己头上戴一个学者的帽子,更重要的是你对自己的教学改革有更加深入的思考,以研究的角度推动教育变革,追求教育本真的意义。你虽理工科出身,但已经在教育领域打拼了数十年,以工科视角看教育,本身就是一种美妙的事情。"

于是我克服异样的眼神,克服对于读博的恐惧心理,克服行政工作的繁杂,一步一个脚印,在构建理论的同时,开展着教育改革实践。拜在恩师陈玉琨教授门下,凝听恩师教诲,通过六年多的交流接触,使我更加深信,为人、为师、为学在根本上是同一的,思想的光芒以及学术的澄澈,其实就是人生智慧的一种折射。在和先生的相处中,不仅得到了饱含深情的学术引路,也分享了他为人的豁达与通透。论文的写作过程凝结着他的心血,从研究问题的聚焦,到选题特色的凝炼,研究路径的设计以至研究结论的提炼,都有他极富洞见的指导。只可惜学生资质平庸,学术研究始终未达及导师之期许。

感谢戚业国教授、代蕊华教授、杨小微教授在论文开题时给予的诚恳建议,使我在研究过程中方向明确,没有走太多弯路;特别要感谢我的师兄王俭副教授,他经常给予我学弟般的关照,他提出的各种观点,使我在写作的各个阶段不时得到启发,在论文的写作架构中他不断提出建设性意见,使得论文的行文逻辑更加通畅;感谢我的同事,他们以最实际的行动支持我的研究工作,提供各项实验数据,经常在"没有我"的时候,能将学校各项工作打理得井井有条。

限于学养之欠缺,精力之有限,目前的论文只能称为一个阶段性的工作,论文研究的成果可能还不足以推动教育改革的进程,可能不能达到理论者和实践者的赞赏,但我至少迈出了这一步,已从这项工作本身获得到乐趣,而不是它带来的直接结果。

是以为后记,呐喊教育工作者的历史追求与担当,追求教育改革,为创新人才成长奠基!

徐向东
2016 年 9 月
于上海交大附中仰晖园